Serafín
Mazparrote

Salvemos la
TIERRA

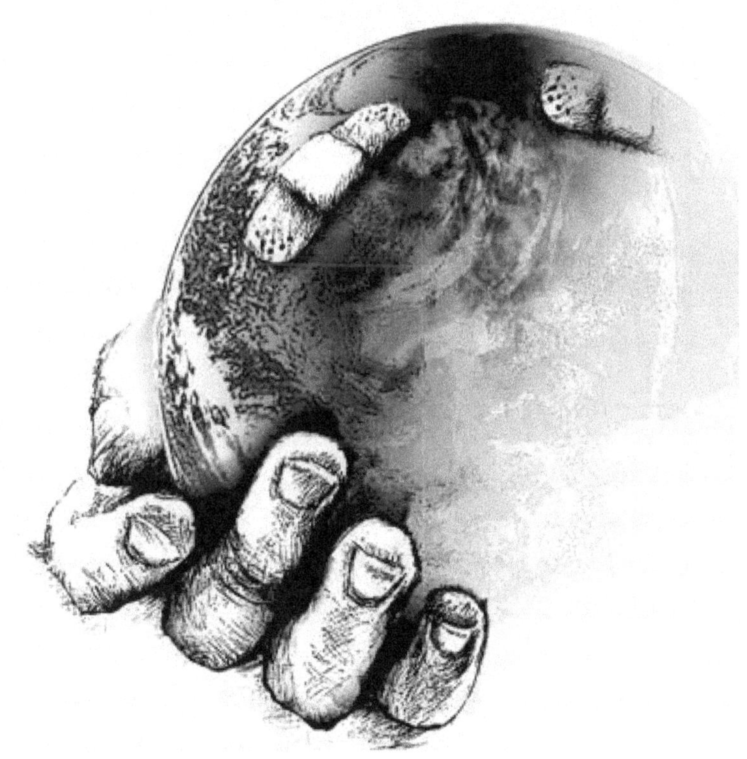

Gerente Editorial:
    Julio Mazparrote

Revisión:
    Lic. Jacqueline Ibarra
    Magister en Educación Ambiental

Diseño Gráfico y Portada:
    Imación
    www.imacion.com

Fotografía:
    Orinoquiaphoto
    www.orinoquiaphoto.com
    Morguefile
    www.morguefile.com
    Serafín Mazparrote
    www.serafinmazparrote.com

www.editorialbiosfera.com

Depósito Legal: lf471200860044

Lithomundo S. A.

Serafín Mazparrote

Se graduó de Biólogo en la Universidad Central de Venezuela en 1962; estudió posteriormente Oceanografía Biológica en la Universidad de París y se especializó en Fitoplancton Marino en el Instituto de Investigaciones Pesqueras de Barcelona y en Productividad Primaria en el Laboratorio Marino de Vigo. Tiene larga experiencia docente, tanto a nivel medio como universitario, pues fue profesor de Biología en varios planteles de educación media y regentó la cátedra de Botánica y Planctología en la Universidad de Oriente. Su actividad de más de 25 años en la docencia la ha compartido con la publicación de textos didácticos de Biología de amplia difusión en Venezuela y en algunos países de Sudamérica. Lleva publicadas más de 20 obras didácticas.

A la larga experiencia docente del autor se une su trayectoria en el campo de la investigación científica. Fue jefe del Laboratorio de Fitoplancton en el Centro de Investigaciones Pesqueras de Cumaná (dependiente del Ministerio de Agricultura de Venezuela). En este campo ha publicado varios trabajos de investigación sobre el Fitoplancton del golfo de Cariaco y Paria. Ha estudiado el fenómeno de la "marea roja" en la costa Nor-Oriental de Venezuela. Ha participado en campañas oceanográficas en el Atlántico Norte y en el mar Caribe.

Pertenece a varias sociedades científicas, entre ellas cabe destacar: Sociedad Venezolana de Ciencias Naturales, Sociedad de Ciencias Naturales La Salle y Fundación para la Defensa de la Naturaleza (FUDENA).

A mi esposa Isabel
A mis hijos: Julio, Ángel, Javier y Carlos

ÍNDICE

Esta obra que presentamos hoy aspira ante todo a ser un aporte al ineludible tema de la preservación de nuestro mundo. No queremos ser alarmistas, pero sí pretendemos sumar nuestra voz de alerta acerca de los peligros que se ciernen sobre el planeta Tierra, nave en la que viajamos todos, unos más cómodos que otros, y de cuya conservación depende nuestro porvenir y el de las futuras generaciones.

El acelerado e incontrolable transcurrir de la actualidad impone un ritmo de vida agitado y de sobresaltos que nos angustia; por ello es imperativo propiciar una reflexión auténtica que ayude a hacer más acogedor y habitable nuestro planeta. El hombre debe replantearse su relación con la naturaleza, y abandonar su actitud depredadora por la constructiva de un mundo equilibrado y armónico.

Este trabajo se inicia con algunas consideraciones acerca de los principios ecológicos fundamentales para acercarse al mundo fascinante de la Ecología. Luego prosigue con una serie de definiciones básicas, que seguramente proporcionarán mayor comprensión sobre ese mundo aparentemente misterioso donde está sustentada la existencia humana. Son aspectos de gran importancia para preservar la naturaleza, y por consiguiente, para conservar todas las formas de vida, incluyendo la del hombre. Sin ese escenario no puede existir representación vital alguna.

Ojalá que nuestro aporte contribuya no solamente a crear conciencia en la gente para que comprenda que no hay muchas opciones, sino que además se instrumenten todas las medidas y acciones necesarias para cuidar, amar y respetar nuestro mundo. Sólo así aseguraremos nuestra supervivencia y la de nuestros descendientes. ¡No hay otra alternativa!

**Serafín
Mazparrote**

PRINCIPIOS BÁSICOS DE ECOLOGÍA

¿Qué es la Ecología?

Las perspectivas de una explosión demográfica indetenible, la amenaza de la energía nuclear, junto con el desarrollo industrial, han situado los problemas ambientales en un primer plano en el pensamiento de los hombres preocupados por el futuro de la humanidad. El hombre debe asumir una responsabilidad cada vez mayor frente a la conservación del ambiente.

La contaminación de las aguas continentales causadas por los desechos industriales, el deficiente manejo de las tierras cultivables, que ha abierto las puertas a la **erosión**; la irracional explotación de los **recursos naturales,** son ejemplos de la destrucción paulatina de los ambientes naturales y la consiguiente ruptura del **equilibrio ecológico.**

Aun cuando la gran revolución tecnológica continuará asegurando mejores condiciones de vida al hombre, no por ello su existencia dejará de depender de los recursos naturales y, en modo especial, de la producción orgánica de los océanos, de las aguas continentales y de la tierra firme, fruto de los intercambios bioenergéticos naturales.

La **Ecología,** *ciencia que estudia las interacciones de los seres vivos (factores bióticos y abióticos) y del ambiente,* nos enseña que las comunidades naturales tienen su propio dinamismo y están sometidas a leyes que determinan su permanencia y evolución, leyes que deben respetarse para alcanzar su estabilidad. El hombre debe estudiar e

La naturaleza y el hombre en un ambiente de equilibrio ecológico

interpretar esos fenómenos naturales con el objetivo fundamental de mantener el equilibrio necesario de los factores ecológicos.

El término **Ecología** fue utilizado por primera vez por el biólogo alemán *Ernst Haeckel*, en 1869. Deriva de la raíz griega *oikos* (casa); de aquí, que la aceptación literal del término ecología sea, el estudio de la casa o, más ampliamente, el "estudio del ambiente que rodea a los organismos".

Es por tanto usual definir la **Ecología** como: *la ciencia que estudia las interacciones de los seres vivos y del ambiente.*

Los Niveles de Organización

En el campo de la Ecología se habla a menudo de los niveles de organización.

En este sentido se reconoce un espectro biológico integrado por diez niveles biológicos: **protoplasma, célula, tejido, órgano, sistema, individuo, población, comunidad, ecosistema, biosfera.**

La Ecología se relaciona especialmente con los cinco últimos conceptos, es decir, con los niveles de organización que se hallan a partir del nivel de **organismo o individuo.** El individuo se refiere al *ser organizado perteneciente a una especie.* En Ecología se entiende por **población,** *el conjunto de individuos de una misma especie, que comparten un área limitada en un tiempo determinado y traen descendencia fértil.* La **comunidad,** también llamada **biocenosis,** es *la asociación de animales y vegetales que habitan una misma zona natural, presentan adaptaciones a su ambiente y establecen entre sí interaciones.*

Todo lo que rodea a un organismo constituye el ambiente.

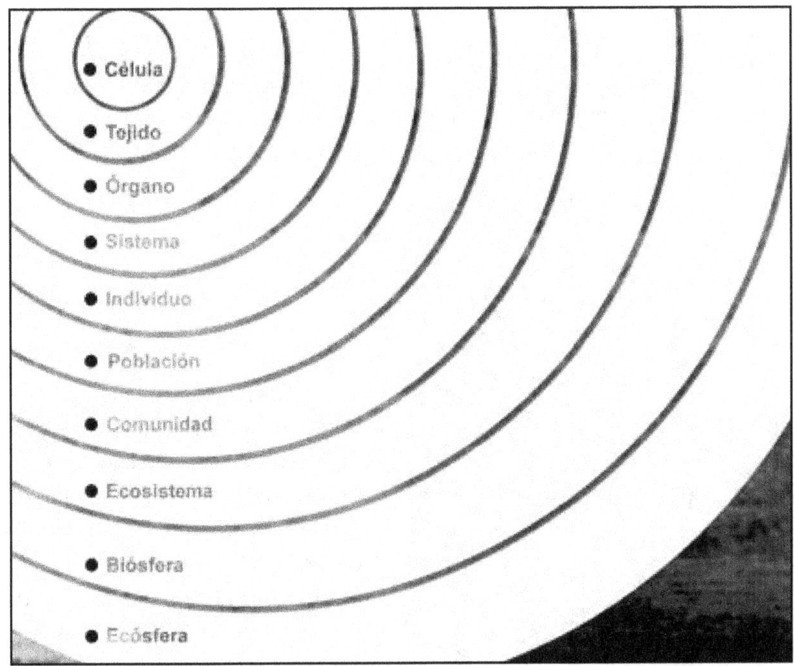

Los niveles biológicos de organización

El lugar o espacio donde habita una comunidad o biocenosis se denomina **biotopo**. *El conjunto de comunidad y biotopo forma la unidad ecológica llamada* **ecosistema**, donde una corriente de energía derivada de interacciones seres vivos-ambiente conduce a una estructura trófica definida con diversidad biótica y el intercambio cíclico de materiales de partes vivientes y no vivientes. Y por último, *la masa total de materia viva, que habita en nuestro planeta y en la que los ecosistemas pueden interactuar*, se denomina **biosfera**.

¿Qué es el Ambiente?

Tal como la usaremos aquí, la palabra **ambiente** tiene un significado amplio; comprende todo aquello que es extrínseco al organismo y que de algún modo actúa sobre él. Incluye no sólo *la luz, la temperatura, la lluvia, la humedad y la topografía*, sino también *parásitos, depredadores y competidores*.

Cualquier factor biótico o físico forma parte del ambiente. Con-

vencionalmente, el ambiente de un organismo comprende dos componentes principales: **el ambiente físico** y **el ambiente biótico**.

El primero, abarca todas las cosas no vivas, medio y factores que son extrínsecos al organismo. El segundo, comprende todos los organismos vivos que, directa o indirectamente, tienen influencia sobre la vida del individuo. Aunque estos dos componentes del ambiente no pueden ser separados en la realidad con tanta facilidad como parecería indicar nuestra definición, es conveniente tratarlos por separado y así lo haremos con fines didácticos.

Adaptación al Medio

Todos los organismos, sean plantas o animales, están rodeados por agua o por aire. Organismos, como los del suelo, que aparentemente se encuentran en el medio terrestre, están en realidad inmersos en el agua o en el aire, ya que es uno de estos dos compuestos el que llena los espacios entre las partículas sólidas. Se conocen tres tipos de medios: el **terrestre**, el **acuático** y el **aéreo**.

El **medio terrestre** se refiere al *suelo o parte de la corteza terrestre que sirve de apoyo o sustrato a las plantas, animales y microorganismos.* Es la parte sólida de la Tierra. Las grandes selvas y los cultivos agrícolas tienen su asiento en el suelo.

Por otra parte, se acepta universalmente que el agua constituyó el medio primitivo donde surgió la vida y que las células individuales de todos los organismos, acuáticos, aéreos o terrestres, solamente pueden mante-

nerse activas si están húmedas.

El agua de mar es el medio más estable en el cual pueden vivir los organismos. Sufre muy pequeñas variaciones tanto en su contenido de sales, concentración de oxígeno y dióxido de carbono, como en su pH y en su temperatura. Sólo cerca de la superficie o de las costas se pueden encontrar fluctuaciones apreciables, y aun allí son generalmente bastante moderadas.

Las aguas dulces están sometidas a fluctuaciones mucho mayores, sobre todo en lagunas y charcos muy pequeños; su temperatura puede variar en muchos grados a lo largo del año, y como la temperatura afecta profundamente la solubilidad del oxígeno, la concentración de éste puede variar ampliamente. El tipo y cantidad de materiales sólidos arrastrados a ríos y lagos por el agua de lluvia que escurre de los terrenos adyacentes, puede alterar profundamente el contenido de minerales y el pH de las aguas dulces, además de cambiar radicalmente su transparencia.

El aire, por el contrario, rara vez experimenta cambios importantes en su composición química. Sin embargo, está sometido a frecuentes, y rápidos cambios bruscos de temperatura y humedad. El contenido de oxígeno del aire es mucho mayor que el del agua.

Algunos organismos pasan la mayor parte de su existencia suspendidos en el aire, y muchos otros permanecen toda la vida en el agua. Pero la mayoría de los organismos terrestres y muchos acuáticos, pasan largo tiempo adheridos o moviéndose sobre una superficie sólida o **sustrato**.

El Equilibrio Ecológico

Para muchos medios de comunicación masiva, la Ecología ha llegado a ser sinónimo de ideas como: **conservación de recursos**, lucha contra la **contaminación**, suspensión del **crecimiento económico**, retorno a la **vida primitiva**, defensa del estilo actual de vida, y otras tantas afirmaciones que pueden tener relación con esta ciencia, pero que son casi siempre, y en el mejor de los casos, sólo aplicaciones, de las cuales no es posible hablar con fundamento, si no se tiene un buen conocimiento básico de ella. Se han llegado a formar, en varios países (Francia, Alemania, España, entre otros.), el partido ecológico, cuya plataforma política se sustenta básicamente en la defensa del ambiente y por tanto en los principios ecológicos. Son llamados también **los verdes**, en alusión a su identificación con la naturaleza.

Por otra parte, reconocemos que ha habido explotación irracional y, en algunos casos, hasta saqueo de los recursos naturales. Esto no justifica la posición de algunos seudo-conservacionistas, que pretenden imponer o prohibir absolutamente toda actividad humana que pueda beneficiarse de la naturaleza: pesca, aprovechamiento racional de los bosques, caza, actividad industrial. Pensamos que lo indicado es reglamentar y regular estas actividades para que, ob-

La cultura indígena es respetuosa de la madre naturaleza.

teniendo beneficios, no se perjudique o destruya el **equilibrio ecológico.**

La Biosfera

Entendemos por **Biosfera**, *la delgada capa de la superficie terrestre donde se desarrollan las únicas manifestaciones conocidas de vida del sistema solar,* y probablemente de una porción bastante mayor del universo. Stephen H. Dole, en su libro *"Habitable Planets for Man",* estima que existe una alta probabilidad de que haya, al menos, otro planeta habitable para formas superiores de vida.

El origen de toda la energía que utilizan los seres vivos proviene del Sol. Por otra parte, la combinación de la radiación solar con la inclinación del eje terrestre respecto al plano determinado por su órbita da lugar a las **estaciones.** El relieve terrestre, al hacer variar el espesor y composición de la atmósfera que se encuentra sobre la superficie de la Tierra, altera el equilibrio entre la energía recibida por esa superficie, lo que provoca variaciones importantes del clima.

La Biosfera representa la totalidad de la vida organizada en poblaciones, comunidades y ecosistemas. En esta capa del planeta es donde se establece una compleja trama de interrelaciones entre todos los componentes, donde cada uno de ellos ocupa su nicho y desempeña su papel en el equilibrio ecológico.

Tal vez la nota discordante, en este intrincado mundo de interrelaciones, sea el hombre, que debido a su poder e inteligencia y por su acción destructiva, ejerce una acción negativa que ha destruido este equilibrio

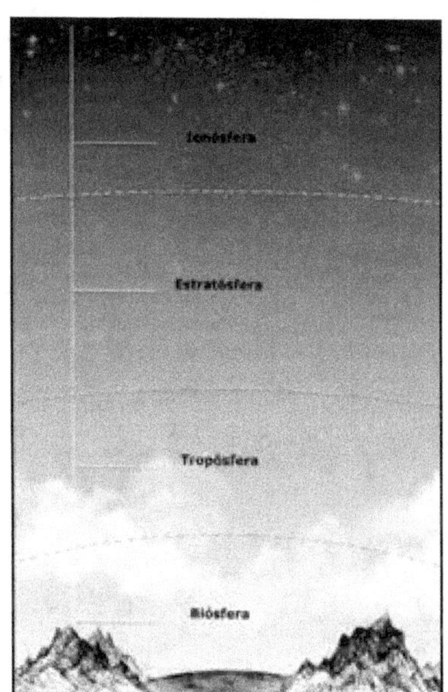

La biosfera constituye la capa de la Tierra donde se desarrolla la vida.

Toda la energía que utilizan los seres vivos proviene del Sol.

en muchas zonas del planeta, y que no conforme con eso, invade el espacio con sus satélites y naves espaciales.

El Ecosistema

Entre los organismos que viven en un área determinada, como un lago o un bosque, existe una serie de interacciones entre ellos y con el ambiente. *El estudio de las interacciones que existen entre los integrantes de la biosfera* corresponde a la **Ecología.** Si consideramos un sistema ecológico definido, limitado espacialmente y con características comunes, lo denominaremos Ecosistema. Por tanto podemos definir el **ecosistema** como *una unidad ecológica que incluye los seres vivos que habitan un área determinada y el ambiente con todos sus factores: clima, sustrato, temperatura e iluminación.* Otra definición considera el ecosistema como *"una comunidad de seres vivos que se mantiene a sí misma y que comprende a su vez el espacio físico en el que vive, conocido como* **biotopo**".

La comunidad o biocenosis y el biotopo constituyen dos componentes íntimamente relacionados que actúan el uno sobre el otro. Por tanto, en el ecosistema se consideran dos partes: una **biótica**, que comprende *todos los seres vivos del sistema,* y otra **abiótica**, que se refiere al *medio físico compuesto por sustancias inertes.* El ecosistema, en otras palabras, está formado por la **biocenosis** o comunidad, y el **biotopo**.

Componentes Bióticos del Ecosistema

En todo ecosistema encontramos elementos que lo identifican

Un ecosistema comprende organismos productores, consumidores y descomponedores.

y le dan las características propias. Los organismos que viven en un ecosistema desempeñan funciones diferentes. Así encontramos: **organismos productores, organismos consumidores** y **organismos descomponedores**.

1. Organismos PRODUCTORES

Pertenecen a este grupo las plantas que poseen clorofila. Son capaces de sintetizar los alimentos a partir de la energía solar, del CO_2 y del agua. Por esta capacidad de elaborar sus propios alimentos se les llama, también, **seres autótrofos**. Constituyen el primer eslabón de la cadena alimentaria y son la base de la vida en el ambiente. Todos los demás seres vivos dependen de los productores.

En el medio acuático, tanto marino como dulceacuícola, el **fitoplancton** (*plancton vegetal*) constituye el grupo productor más importante. Además, son productores: las algas clorofíceas, rodofíceas y feofíceas; algunas criptógamas que habitan en aguas dulces; y ciertas fanerógamas marinas. Indudablemente, en las aguas marinas y continentales, el fitoplancton constituye el elemento de los ecosistemas acuáticos más importantes de la producción.

En el medio terrestre, las plantas con clorofila, como los musgos, las hepáticas, los helechos y, principalmente, las espermatofitas o plantas superiores, pertenecen al grupo de organismos productores.

2. Organismos CONSUMIDORES

Este grupo está integrado por todos los animales que dependen para su alimentación, directa o indirectamente, de los productores. Por esta razón se les llama también seres heterótrofos *(que se alimentan de otros)*. Dentro de este grupo podemos considerar varias categorías:

a) *Los consumidores primarios o herbívoros:* Se alimentan de las plantas. En el medio acuático, muchas especies que pertenecen al **zooplancton** *(plancton animal)* invertebrados y algunos peces, como las sardinas y otros, se alimentan igualmente de fitoplancton.

En los ecosistemas terrestres, los consumidores primarios corres-

TIERRA

ponden a los animales herbívoros, como el venado, el conejo, el chigüire, y otros roedores, y animales domésticos, como la vaca, el caballo, entre otros.

b) *Consumidores secundarios o carnívoros:* Se alimentan de animales herbívoros. Hay peces que devoran a otras especies de peces o se alimentan de

zooplancton. En el medio terrestre, el jaguar, el puma, las aves de rapiña, las culebras cazadoras, son consumidores secundarios y terciarios. También algunos insectos y otros invertebrados consumen pequeños animales fitófagos.

c) *Los consumidores terciarios:* Se alimentan de otros animales carnívoros. Muchos peces, algunas aves y mamíferos pertenecen a este grupo aunque a veces pertenezcan al grupo de cosumidores secundarios.

3. Organismos DESCOMPONEDORES o DESINTEGRADORES

Pertenecen a este grupo las bacterias y los hongos. Estos organismos descomponen los cadáveres y provocan la desintegración de las partículas orgánicas. Las bacterias se hallan ampliamente distribuidas en el medio acuático y en el terrestre, mientras los hongos son escasos en el medio marino, pero abundan en el terrestre.

Estos organismos son seres **saprofíticos** porque se alimentan de sustancias en descomposición.

LA CAPA DE OZONO

¿Qué es el Ozono?

El ozono es un gas, de olor fuerte, irritante y penetrante, peligroso para la respiración, por atacar las mucosas. Este olor característico lo podemos percibir después de una gran tempestad. De allí su nombre, del griego *ozein*, que tiene olor. Es incoloro en pequeñas cantidades, pero de un color azul pálido a intenso en mayores proporciones, y azul índigo en estado líquido.

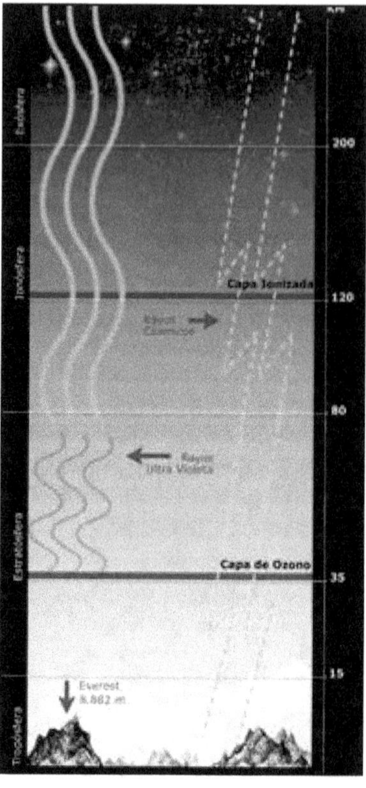

Esquema de ubicación de la capa de Ozono

La capa de ozono (O_3), se halla en la estratosfera, situada entre los 20 y 40 Km. de distancia de la superficie terrestre. El ozono se produce en la estratosfera por la acción de la radiación solar, especialmente los rayos ultravioletas (Rayos UV), sobre el oxígeno. La energía de la radiación solar es transportada por fotones, que tienen un alto nivel de energía y al chocar con las moléculas de oxígeno liberan los dos átomos según la siguiente reacción:

$$O2 + \text{fotón (UV)} >> O + O$$

Las moléculas de oxígeno se recombinan con el *oxígeno atómico* para producir ozono según la siguiente reacción:

$$O2 + O >> O_3$$

TIERRA

La capa de ozono actúa como un filtro para la radiación **ultravioleta** proveniente del Sol, reduciéndola de tal manera, que evita que estos rayos dañen a los seres vivos y al clima.

El ozono absorbe parte de la radiación ultravioleta y deja pasar la radiación infrarroja, que tiene menos energía y no presenta los efectos nocivos de las radiaciones. Sin embargo, el ozono puede ser afectado por gases que lo eliminan o disminuyen su presencia en la **atmósfera**. La disminución del ozono en la atmósfera varía entre 1,3 y 3%.

Los agujeros de Ozono

Se produce cuando disminuye el ozono en determinadas zonas; el más famoso y estudiado es el de la Antártida. Las razones por las cuales aparecen en aquella parte de la Tierra no están claras, pero todo hace suponer que en esto influyen los vientos, el clima y las estaciones del año.

Causas de la destrucción del Ozono

Indudablemente que una de las causas de mayor gravedad que afecta la capa de ozono, es la emisión de **gases clorofluorocarbonos (CFC y HCFC)**, los cuales pueden permanecer en las capas bajas de la atmósfera por muchos años. Los clorofluorocarbonos se emplean en una gran variedad de artefactos electrodomésticos, como neveras, aparatos

Muy por encima de las altas cumbres se ubica la capa de Ozono.

de aire acondicionado, frigoríficos y en la industria de los aerosoles.

Varios factores contribuyen a la disminución de la capa de ozono. Ya en 1970 dos científicos, Paul Crutzen y Harol Johnston, advirtieron sobre el peligro que representa para la capa de ozono los vuelos de los aviones supersónicos. Estos aviones general óxidos de nitrógeno, dióxido de carbono y monóxido de carbono que afectan la capa de ozono.

Las pruebas nucleares en la atmósfera, generan gran cantidad de óxido de nitrógeno.

La emisión de gases clorofluorocarburos dañan la capa de Ozono.

Existen otras fuentes de gases que dañan la capa de ozono, entre ellos mencionaremos: el cloro de los cohetes espaciales, el bromo que contienen los gases extintores, la emisión de gases de los vehículos automotores y los fertilizantes.

A nivel mundial se están tomando medidas para reducir los efectos perjudiciales de estos agentes. Se están sustituyendo estos compuestos por otros que no dañan la capa de ozono. Asimismo se están realizando campañas de capacitación y concientización sobre el tema.

Efectos de la disminución del Ozono

a) Efectos sobre la SALUD

Al disminuir el ozono, la radiación ultravioleta que llega a la tierra es mucho mayor y esto afecta la piel humana, produciendo quemaduras que pueden degenerar en cáncer de la piel. Una exposición excesiva a los rayos solares, produce el envejecimiento prematuro de la piel por la insolación y puede originar **ceguera y cataratas**.

Debe evitarse la exposición prolongada al Sol, sobre todo, en horas que van de las 11 de la mañana, hasta las 3 de la tarde.

Hay que señalar, que una exposición excesiva a los rayos solares daña el sistema inmunológico, resta eficacia a las vacunas quedando las personas indefensas a la acción de bacterias y virus.

b) Efectos sobre el CLIMA

Se han realizado investigaciones sobre los efectos de la variación de los niveles de la concentración de ozono en la estratosfera y se ha determinado que ésto produce modificaciones en el patrón que siguen los vientos, las lluvias y otros fenómenos atmosféricos, lo cual podría alterar el clima, afectando las fuentes de agua potable y la agricultura.

CALENTAMIENTO GLOBAL

Los gases que contaminan la Atmósfera

Otro grave problema, originado por las actividades humanas, es el causado por la contaminación de la atmósfera por ciertos gases que generan el llamado **efecto invernadero**. Este se produce como consecuencia del exceso de la concentración de CO_2 y de otros gases en la atmósfera, como los *clorofluorocarbonos, metales pesados, polvo atmosférico y compuestos nitrogenados.*

El **calentamiento global**, consiste en el aumento de la temperatura media del planeta. Esta denominación proviene por la similitud de lo que ocurre en cualquier invernadero, que normalmente se utiliza para mantener plantas en condiciones de temperatura y humedad estables y controlables, diferentes a las del medio externo. En el caso de los invernaderos, los rayos solares penetran a través de materiales transparentes (vidrio o plástico) calentando su interior. Por tanto en

Similar a lo que ocurre en un invernadero, ocurre en la tierra, debido a la radiación producida por algunos gases.

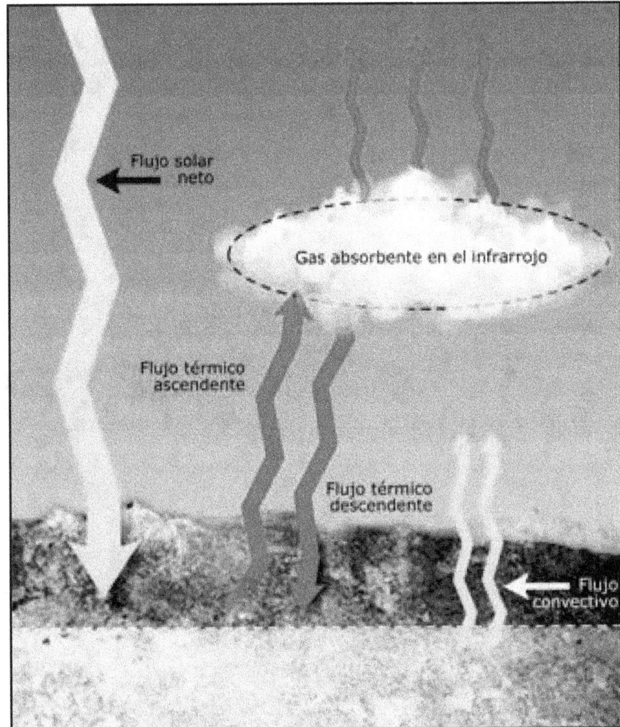

el invernadero se mantiene la temperatura constante, a diferencia del medio externo que varía de acuerdo al clima de la zona.

La radiación solar calienta la superficie de la Tierra y desprende calor, el cual es retenido por los gases de la atmósfera como el CO_2, el metano, por las nubes y partículas, que les impiden escaparse al espacio.

Esto trae como consecuencia el recalentamiento de las capas bajas de la atmósfera. Ya *Arrhenius*, químico sueco, había vaticinado que el uso de combustibles fósiles incrementaría la cantidad de dióxido de carbono en la atmósfera y esto traería como consecuencia un aumento de la temperatura. De hecho, se ha comprobado que la temperatura promedio de nuestro planeta se incrementa cada año, es-

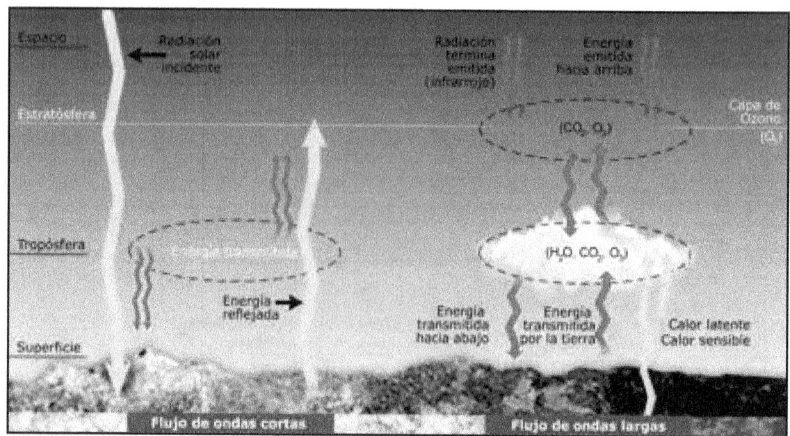

La temperatura de la Tierra es el resultado de un equilibrio entre los flujos de energía que recibe y el que sale o refleja. La temperatura media del planeta es 15°C.

pecialmente en años recientes, por efecto de la excesiva intervención humana, al contaminar la atmósfera con los gases de las industrias y los que se desprenden de los automóviles y otros medios de transporte.

Consecuencias del Calentamiento Global

La primera y más notoria, como se ha dicho, es el **aumento de temperatura** del planeta. Se calcula que entre 1900 y 1990 la temperatura promedio de la tierra aumentó entre 0,3 y 1,1°C.

Otra consecuencia del **calen-** **tamiento global** es que afecta a los hielos de los casquetes polares, que se derretirían acarreando la elevación del nivel del mar, cuyas consecuencias serían catastróficas. Esto originaría la destrucción de edificaciones e instalaciones turísticas, y la salinización de tierras agrícolas próximas al mar. Se calcula que si se derritieran los hielos polares, el nivel del mar podría subir de 15 a 30 cm.

Muchos ecosistemas del litoral desaparecerían con los consiguientes efectos de disminución de la biodiversidad por la extinción de muchas especies biológicas.

Se producirían cambios climá-

ticos, ya que la temperatura influye sobre los vientos, lluvias, humedad y evaporación. Podrían presentarse cambios bruscos del clima que provocarían tormentas, huracanes y ciclones, afectando a los bosques, cultivos agrícolas y a los seres vivos.

Por otra parte, los ciclos estacionales podrían verse afectados, perjudicando la producción agrícola y provocando en algunas zonas lluvias torrenciales y en otras, sequías extremas.

Todo esto repercutiría sobre la salud humana, pues ciertos sectores de la población, como los ancianos y los niños, son más sensibles a los cambios bruscos del clima.

En muchos lugares habría escasez de agua debido a factores de erosión, y en otros bajaría su calidad, provocando enfermedades infecciosas.

En muchas zonas del globo, ya con problemas de escasez de alimentos, se agravarían las dificultades para lograr una buena y sana alimentación. Aquí valdría la pena recordar la frase: "Conservamos el ambiente o morimos".

Medidas de protección

Una de las más eficaces medidas de protección contra el efecto invernadero y el calentamiento global es el cuidar la vegetación, pues las plantas captan gran cantidad de CO_2 y liberan oxígeno.

Las plantas son beneficiosas por partida doble. Además de proteger nuestros bosques, debemos sembrar en las zonas desprovistas de vegetación. Por eso los gobiernos deben emprender campañas y jornadas intensivas de **reforestación**.

Hay que disminuir el uso de combustibles derivados de los hidrocarburos utilizando energías más limpias, como la energía solar, la energía eólica, y la energía hidroeléctrica.

Utilizando energía eólica se disminuye el recalentamiento de la Tierra. La fuerza eólica al hacer contra las capas de aire impulsa las turbinas.

Las plantas hidroeléctricas producen energía sin contaminar.

LLUVIA ÁCIDA

¿Cómo se produce la Lluvia Ácida?

La contaminación atmosférica provocada por gases, como el *óxido de nitrógeno (NO₂)* y el *anhídrido sulfuroso (SO₂)* envenenan el aire de muchas ciudades y causan serios trastornos a la salud humana.

Un fenómeno relacionado con la contaminación atmosférica es el de la lluvia ácida.

La lluvia ácida se produce al mezclarse los *óxidos de nitrógeno (NO₂)* y de *azufre (SO₂)* con la humedad de la atmósfera, formándose *ácido nítrico* y *ácido sulfúrico* respectivamente.

Estos productos presentes en la atmósfera se precipitan sobre la superficie terrestre cuando se producen las lluvias.

Toda precipitación lluviosa es ligeramente ácida presentando pH 5,6.

Efectos sobre la Vegetación

Los efectos de las lluvias ácidas sobre la vegetación son desastrosos y a menudo se producen en territorios muy extensos y a veces, alejados de la fuente de emisión de los gases. En los países muy industrializados se han visto afectadas extensas zonas boscosas, cuyos síntomas más visibles son la caída de las hojas y el aspecto marchito y amarillento de los árboles. Esta contaminación también perjudica los campos de cultivo, disminuyendo la producción de alimentos.

En zonas templadas los pinos silvestres y los abetos son particularmente sensibles a este tipo de contaminación y afecta a extensas zonas de Europa central, EE.UU., Canadá y Japón. La producción forestal puede verse profundamente afectada.

En Venezuela también está presente la lluvia ácida y aunque la principal fuente de contaminación es el uso de combustibles fósiles, también se debe a la quema de la vegetación, a las emisiones de gases de las plantas industriales, a la descomposición de la materia orgánica de los suelos y a las descargas eléctricas.

En Venezuela son escasos los datos que se tienen sobre este fenómeno. Sin embargo, se han obtenido algunos resultados de estudios anuales, que revelan que sí se produce el fenómeno, aunque no se aprecie visualmente. Según estos datos, las zonas afectadas son: el lago de Valencia, bosque nublado de Mérida, Calabozo y Altos de Pipe.

Las industrias son fuente de contaminación

De manera general podemos señalar que los grandes centros de generación de lluvia ácida corresponden a las ciudades con fuerte tráfico automotor, o que poseen zonas industriales, cuyas fábricas utilizan derivados de hidrocarburos y carbón.

Las instalaciones petroquímicas, así como las refinerías de petróleo, son señaladas muchas veces como fuentes de contaminación responsables del fenómeno de la lluvia ácida.

Efectos sobre la salud

Los *óxidos de nitrógeno* son muy dañinos para las vías respiratorias y pueden ser factor de cáncer.

El SO_2 junto con el "smog ácido" provoca *bronquitis crónica* y *enfisema pulmonar*. Algunos médicos señalan que hay posible correlación entre este tipo de contaminación y las enfermedades cardiovasculares. La contaminación atmosférica producida por estos gases, ocasionan también irritación en los ojos. Lamentablemente aquí no se detienen los efectos de la lluvia ácida, ya que se ha comprobado que la acidificación del agua tiene acción corrosiva sobre edificaciones, dañando edificios y monumentos históricos de gran valor artístico.

Medidas de prevención

Como solución al problema de la contaminación, y para evitar el impacto de la lluvia ácida, se recomienda utilizar filtros y otros sistemas de eliminación de gases en las industrias que por su naturaleza desprenden a la atmósfera gases contaminantes.

Efecto de la lluvia ácida sobre monumentos

Efecto de la lluvia ácida sobre edificaciones

La lluvia ácida puede afectar los cultivos agrícolas o disminuir el rendimiento de las cosechas

LAS SELVAS TROPICALES

¿Qué es una Selva Tropical?

La presión del aumento de la población, la necesidad de disponer de nuevas tierras para el cultivo y la ganadería y en muchos casos la fiebre del oro, hacen que las selvas tropicales estén amenazadas gravemente. La selva tropical es un ecosistema frágil, muy susceptible a cualquier intervención humana.

La destrucción de ecosistemas naturales tiene lugar a nivel mundial y cada año cobra un ritmo más acelerado. La selva tropical se encuentra en zonas próximas al ecuador en lugares húmedos y calurosos. La selva más extensa de este tipo se encuentra en la cuenca del río Amazonas en Suramérica.

La Selva Amazónica

Es particularmente dramático el caso de la selva amazónica que constituye el pulmón vegetal más extenso del planeta, la cual se encuen-

Las selvas tropical representan el pulmón vegetal más grande de la Tierra.

Todos los años desaparecen millones de hectáreas de selvas tropicales. Las causas principales son la explotación ilegal de oro y la deforestación.

tra amenazada de desaparecer, si no se toman medidas drásticas para protegerla. Es tanta su importancia, que algunos países industrializados están dispuestos a colaborar científica y financieramente en su preservación y conservación.

Destrucción de las selvas

El ritmo de deforestación de las selvas tropicales es de casi 200.000 km2 (20 millones de hectáreas) por año, y a ese ritmo, a la vuelta de unos años, habrán desaparecido. Los efectos negativos sobre el ambiente y los seres vivos no se harán esperar. Tan sólo el Amazonas brasileño perdió en los últimos 30 años 600.000 km^2 (15% de área total) de selva. Esto se pudo detectar gracias a fotografías tomadas desde satélites.

Venezuela no escapa a este proceso de destrucción, ya que la selva situada al sur del Orinoco es del tipo amazónico. Venezuela había perdido para 2001 el 45% de sus espacios naturales. La mayor parte de esta pérdida está al norte del Orinoco donde precisamente, vive la mayor parte de la población. Se calcula que

TIERRA

se pierden *500.000 hectáreas* por año, lo que representa el 2,2% de la superficie del país.

De esta destrucción no están exentas, ni siquiera las áreas creadas por el Estado para su preservación, como los parques nacionales, monumentos naturales y áreas protegidas.

Sin embargo, opiniones más optimistas aseguran que el 50% del territorio nacional está cubierto por los bosques de los más variados tipos. Existen bajo el nombre de Reservas Forestales más de 11 millones de hectáreas en todo el país. Debemos señalar, que se están haciendo grandes esfuerzos de reforestación y se han logrado sembrar varios millares de hectáreas de pinos, eucaliptos y otras especies.

Otro de los problemas que confrontan la región amazónica es el de los **garimpeiros** o buscadores de oro. La penetración de los garimpeiros en la selva amazónica se conoce desde 1960, pero hasta 1987 su acción sobre la selva y el daño al ecosistema era de poca magnitud.

Es a partir de 1987 que se

Perfil de una selva tropical. Obsérvese los estratos que la conforman.

desplazan hacia la región de Roraima, que comparten Venezuela y Brasil, más de 45.000 garimpeiros, al correrse la noticia del descubrimiento de grandes yacimientos de oro. Muchos de ellos sin proponérselo, y debido al desguarnecimiento de las fronteras entre los dos países, penetran en Venezuela para extraer oro, causando daños incalculables a la vegetación del alto Orinoco, precisamente en las proximidades de los nacientes del río.

Esta deforestación afecta la principal fuente de agua de Venezuela, contaminan los ríos con mercurio, cuyos efectos sobre la vegetación y la fauna son sumamente perjudiciales y en algunos casos fatales.

También resulta peligrosa la extracción de oro en las riberas del río Caroní, ya que provoca la contaminación mercurial y debido a la deforestación, los materiales del suelo son arrastrados aguas abajo y sedimentados en el embalse del Guri.

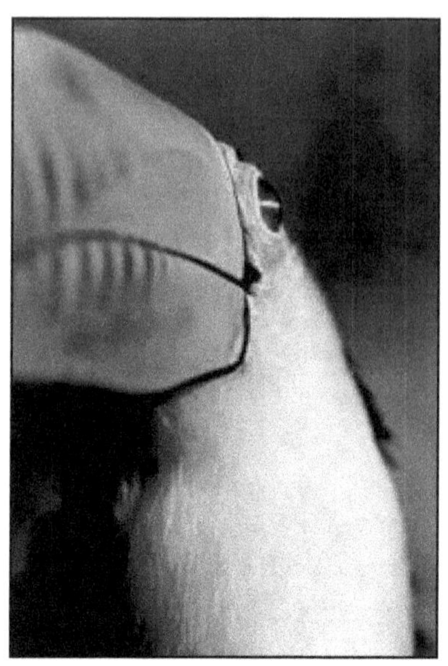

Consecuencias de la destrucción de las selvas

La tala indiscriminada de las masas boscosas del planeta, ubicadas en África, Asia y América Latina contribuye a provocar el **calentamiento global** y, por tanto, el aumento de la temperatura de la Tierra y la subida del nivel del mar. Se trata, pues, de un problema ambiental mundial de efectos globales, por la acumulación de CO_2 en la atmósfera. El CO_2 es un factor importante para el mantenimiento del clima en el planeta; la ruptura del equilibrio de este gas está trayendo cambios y alteración del clima a nivel mundial.

En los bosques tropicales se localiza entre el 70 a 80% de las especies vegetales y animales del mundo. Su destrucción constituye una grave disminución de la biodiversidad y un peligro para el equilibrio ecológico.

Por otra parte, las plantas ab-

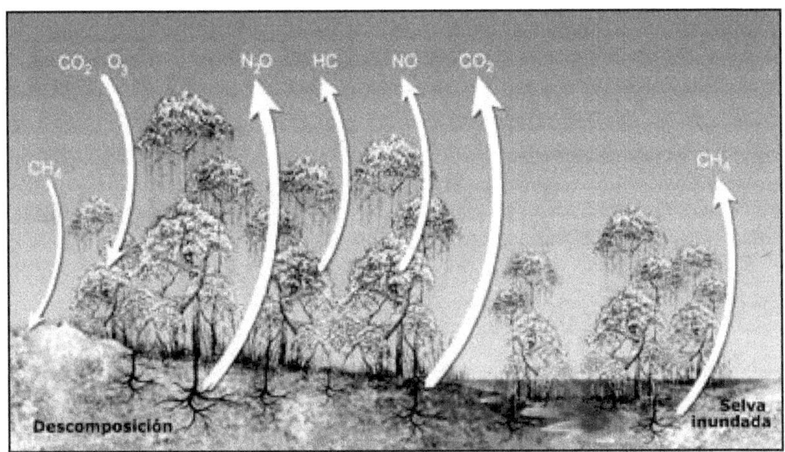

El intercambio de gases en las selvas tropicales con la atmósfera
es muy activo y abarca una muestra variada de ellos.

sorben grandes cantidades del CO$_2$ de la atmósfera, producido por la combustión de derivados de hidrocarburos, la contaminación provocada por las industrias, los volcanes y los incendios de la vegetación.

LA BIODIVERSIDAD

¿Qué es la Biodiversidad?

La biodiversidad se refiere al *conjunto de las especies de los seres vivos: plantas, animales y microorganismos.* Existe gran variedad de especies tanto de animales como de plantas y microorganismos que forman parte de ecosistemas muy variados.

Cualquier observador perspicaz, si presta atención al mundo que le rodea, se dará cuenta de la enorme diversidad de formas que existe en el mundo vivo. Millares de formas diferentes de plantas y animales habitan la Tierra.

Un paseo al zoológico o al jardín botánico nos muestra animales y plantas exóticas, de cuya existencia ni siquiera sospechábamos. Pero, por más completo que sea un zoológico o un jardín botánico, sólo nos presenta-

Se estima alrededor de 35000 especies de orquídeas en el mundo.

rán una pequeña muestra de la enorme diversidad de los seres vivos. Esta diversidad de seres vivos comprende: tamaño, formas, ambiente donde viven, comportamiento, alimentación, etc. En cuanto al tamaño, encontramos seres vivos que son invisibles al ojo humano, hasta plantas y animales gigantescos. Los ambientes en que se desarrollan los seres vivos van desde las heladas zonas polares y montañosas hasta los desiertos cálidos.

Se calcula en 1.500.000 el número de especies conocidas y descritas, de las cuales 750.000 corresponden a insectos. Sin embargo, muchos biólogos suponen que existen muchas más especies desconocidas, por el orden de 5.000.000 y algunos elevan esta cifra hasta 30.000.000. Cada día se descubren nuevas especies de seres vivos.

Diversidad Genética

La biodiversidad se refiere también a la diversidad genética, es decir, a la suma total de información genética contenida en los genes, de cada uno de los seres vivos. Esta información es amplísima ya que cada gen contiene

La guacamaya es una de las muchísimas especies que viven en las selvas tropicales

varias moléculas de ADN y cada individuo tiene muchísimos genes, aunque este número varía según la especie.

En el caso del hombre, el número de genes es de 100.000 y cada uno desempeña una función. Apenas ahora se están elaborando mapas genéticos para determinar la función de cada gen, pues prácticamente hasta hace poco se desconocía su función específica.

En plantas y animales la diversidad genética es enorme, pues el número de genes varía de especie a especie. El número de genes de las bacterias es de alrededor de 1.000, mientras en las plantas superiores puede elevarse a 40.000 genes.

Tiene muchísima importancia mantener la diversidad genética, pues las especies con poca variabilidad genética, son más vulnerables a las infecciones, epidemias y a los cambios climáticos bruscos, mientras las especies que presentan amplia variabilidad genética, son más resistentes y por lo tanto, más aptas para sobrevivir en condiciones climáticas duras y resistir mejor las enfermedades.

Diversidad de Ecosistemas

Existen en la biosfera una variedad inmensa de ecosistemas, que van desde un pequeño charco formado por las lluvias repentinas hasta la inmensidad de los océanos. Podríamos considerar miles y millones de ecosistemas. En el medio terrestre, un tronco de árbol en putrefacción, un estanque, una quebrada, un arroyuelo, un manantial, entre otros, pueden

Un ecosistema marino formado formado por corales, esponjas, algas y otras especies.

considerarse como ecosistemas. Basta que se hallen presentes los componentes, es decir: **organismos produc-**

tores, **organismos consumidores** y **organismos desintegradores**. Asimismo, en el mar se pueden considerar una multitud de ecosistemas, sobre todo en las partes costeras, ya que las ensenadas, bahías, golfos y otros accidentes geográficos, constituyen ecosistemas muy bien definidos y con características propias.

Los ecosistemas pueden estar integrados por pocas especies, como por ejemplo, los bosques templados, caracterizados por una diversidad baja y en los que encontramos especies predominantes de árboles. En contraposición, tenemos las selvas tropicales, que presentan gran diversidad de especies, tanto de árboles como de plantas herbáceas y multitud de especies animales.

La abundancia de especies en un ecosistema, medida en función tanto del número de ellas como de la abundancia de individuos, se designa como **biodiversidad**. En las hojas de una planta de cambur o de una bromelia que retienen agua, pueden desarrollarse especies de insectos y otros organismos que forman o constituyen verdaderos **microecosistemas.**

BIOMAS DE LA TIERRA

Concepto de Bioma

Se entiende por bioma *la asociación de comunidades más o menos permanentes que se han establecido en determinadas regiones, donde existen condiciones climáticas y físicas especiales, caracterizadas por el predominio de ciertas especies de plantas y animales.*

Existen sobre la superficie de la Tierra diversidad de ambientes, que van desde las heladas regiones polares hasta las zonas selváticas tropicales, y desde las llanuras inmensas, con su vegetación herbácea, hasta las cimas de las montañas, donde existe una vegetación escasa.

Un vistazo imaginario a vuelo de pájaro sobre la superficie de la Tierra nos mostrará que existen zonas o regiones con características peculiares, tanto en lo referente al clima como a la vegetación y la fauna. Estas zonas bien definidas, y con características especiales, se denominan **biomas**.

Por consiguiente, el término bioma envuelve la idea de las relaciones entre la vegetación, la fauna y el clima. Siendo la vegetación la que conforma y da aspecto al paisaje, ella será también la que nos indique, de una manera clara, si una determinada zona pertenece a un bioma o a otro. Por otra parte, la vegetación constituye el factor principal para la delimitación del bioma. Así, por ejemplo, una

El frailejón es una especie que vive a más de 3.000 m sobre el nivel del mar.

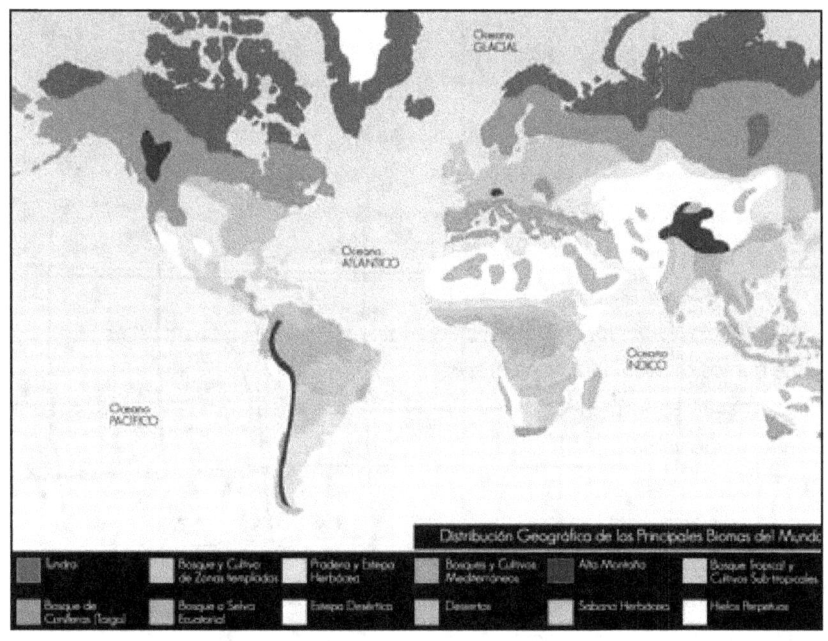

Biomas de la Tierra.

vegetación de espinares y cardones nos indicará una zona desértica, árida o semi-árida.

Principales biomas del mundo

Los principales biomas son **el desierto, la tundra, el bosque de coníferas, el bosque caducifolio templado, la pradera, la sabana, el bosque tropical caducifolio, la selva húmeda tropical y el manglar.**

A continuación describiremos cada uno de estos biomas.

El Desierto

El desierto se caracteriza por la escasez de precipitaciones lluviosas, ya que no alcanzan los 250 mm. anuales. Los desiertos ocupan aproximadamente una quinta parte de la superficie terrestre. La vegetación está representada por plantas con follaje reducido, para evitar la excesiva evaporación, y por plantas con hojas suculentas, que almacenan gran cantidad de agua.

La vegetación desértica está sometida a unas condiciones muy duras, tales como: oscilaciones térmicas, sequías prolongadas y vientos abrasadores. Cuando en determinados puntos del desierto aflora el agua subterránea, se forman los **oasis**, con una vegetación típica y frondosa.

Algunos reptiles e insectos se adaptan a las condiciones del desiertos, pues sus escasos requerimientos de agua les permiten soportar este hábitat. Pocas son las especies de mamíferos representados; solamente algunos roedores nocturnos se adaptan y viven en el desierto. Los más extensos desiertos son: el Sahara y Kalahari, en África; la península de Arabia, en Asia. Se encuentran áreas desérticas en Perú, Chile, Colombia, México, Venezuela y EE.UU.

En cuanto a la fauna, se encuentran bien representada por aves de colorido vistoso, como el turpial, el cardenal, entre otras, además pequeños mamíferos se adaptan bien, así como algunos reptiles entre los cuales

mencionaremos: la serpiente cascabel y los lagartos.

La Tundra

Este bioma se encuentra en la región ártica, cerca del Polo Norte, y en las altas montañas de la Tierra. Se caracteriza por la escasa precipitación pluvial, aunque debido a la poca evaporación el agua no es factor limitante. Durante la mayor parte del año el suelo permanece helado. Tiene una larguísima estación invernal y un verano breve (sólo tres meses sin heladas).

El invierno es duro (hasta 50°C bajo cero) y el verano moderado (máximo 10°C). Las precipitaciones son escasas (menos de 250 mm. al año), representadas por nieve que, derritiéndose en el corto verano, mantiene muy húmedo el suelo, favorecido por la escasa evaporación y la incapacidad de mantener la fase de vapor en el aire frío. Por otra parte, el suelo se deshiela sólo hasta la profundidad de pocos decímetros, el resto del suelo permanece helado y recibe el nombre de **permafrost**. El agua producida al derretirse la nieve se acumula por encima de este nivel

permanentemente helado y forma zonas anegadas, no obstante las escasas precipitaciones anuales. Estas condiciones son favorables para el desarrollo de una vegetación especializada con período vegetativo muy breve, de pequeñas dimensiones, pues no puede alcanzar profundidad el sistema radical, que encuentra posibilidades de supervivencia en el curso del largo y duro invierno, por la presencia protectora de la capa de nieve, no obstante las bajas temperaturas.

La vegetación está en gran parte formada por líquenes, algas y briofitas; entre las plantas vasculares abundan las ciperáceas, gramíneas y otras fanerógamas. Las plantas leñosas están representadas por pocos arbustos. Está muy difundida entre las plantas la reproducción vegetativa que se alterna en las estaciones favorables con la reproducción sexual.

Otras áreas que presentan aspectos similares a la tundra se pueden encontrar también sobre las altas montañas próximas a los límites de las nieves perennes, pero con características particulares de un lugar a otro.

En cuanto a la fauna, la población más numerosa de la tundra son los insectos, en gran parte dípteros (mosquitos y tábanos). Los invertebrados pasan el invierno en el estado de huevo o de larvas y completan rápidamente el ciclo de desarrollo en el curso del corto verano. Los vertebrados están representados por herbívoros, como el reno, el caribú, el buey almizclero, el lemming (exclusivos de este bioma) y carnívoros como el zorro azul (*Alopex lagopus*). Entre los pájaros que viven en la tundra una gran cantidad son migratorios. Los vertebrados estables pueden superar la larga estación invernal utilizando la energía acumulada en forma de grasa durante el verano. Reptiles y anfibios son muy raros.

En el hemisferio austral, por la carencia de vastas áreas continentales expuestas a las particulares condiciones climáticas, la tundra prácticamente no está representada.

El Bosque de Coníferas

El bosque de coníferas está formado por una vegetación más alta que la anterior. Las coníferas presentan hojas aciculares para evitar la ex-

El Bosque de Coníferas

cesiva evaporación. Los bosques de coníferas cubren grandes extensiones de Estados Unidos, Canadá y Alaska. En Europa se extiende por Noruega, Suecia, Finlandia y Rusia. En Liberia (Asia) el bosque de coníferas recibe el nombre de **taiga**, y cubre grandes extensiones del norte de aquella región, donde debido a las condiciones existentes la vegetación no alcanza la altura de las otras regiones mencionadas. En algunos casos la taiga se presenta como bosque húmedo, y el suelo se halla recubierto por una capa de turba.

Las especies que predominan en los bosques de coníferas son: el pino, el abeto y el abedul. En cuanto a los animales, encontramos algunas aves que se alimentan de insectos y de semillas; entre los mamíferos, los ciervos, los alces y los castores prefieren vivir en las orillas de los ríos y lagos que abundan en estas zonas.

El Bosque Caducifolio Templado

La mayor parte de estos bosques están formados por árboles de hojas caducas, es decir, que caen en otoño, aunque algunos árboles presentan hojas perennes. Se sitúan estos bosques en las latitudes medias o zonas templadas, las cuales tienen cambios estacionales marcados. Este tipo de bosque lo encontramos en Europa, Estados Unidos, zonas templadas de Asia y una pequeña zona del sur de Chile.

Las especies de árboles de estos bosques, también llamados de maderas duras, son el roble, la haya, el castaño y el nogal. A veces existen árboles de hojas perennes, como el pino y el abeto. El hecho de estar constituidos estos bosques por pocas especies de árboles, facilita la explotación de madera con alto rendimiento económico.

La fauna es variada y abundante. Los insectos están bien representados y constituyen el alimento para las aves insectívoras. El lobo, el zorro, la comadreja y algunos reptiles, viven y se adaptan a estos ambientes.

El Bosque Caducifolio Templado

Está constituida por formaciones herbáceas de diferente altura, generalmente entre 1,5 a 2,4 metros. La precipitación anual es de 500 a 750 mm., insuficiente para mantener una vegetación alta. El hombre destina la pradera con frecuencia para el pastoreo del ganado, por lo cual se le llama también **pastizal**.

La pradera se extiende por Europa, Asia, Norteamérica, Australia, Argentina *(La Pampa)*. **La pradera**, desde el punto de vista de precipitación pluvial, representa el bioma intermedio entre el bosque y el desierto. Las especies vegetales dominantes son las gramíneas, y el suelo resulta adecuado para el cultivo de plantas de gran importancia económica para el hombre: el trigo, el maíz y el centeno. Los animales herbívoros abundan en estas zonas; así en las praderas norteamericanas encontramos la liebre americana y los antílopes. Además se encuentran topos y ardillas. El hombre utiliza las praderas para el pastoreo del ganado vacuno, ovejas y cabras. En Eurasia se encuentran grandes extensiones con vegetación de pradera, que recibe el nombre de **estepas**.

La Pradera

La Selva Húmeda Tropical

Las selvas se encuentran en regiones de abundantes lluvias y elevadas temperaturas, factores que favorecen el crecimiento exuberante de árboles gigantescos y donde plantas epífitas, hierbas y lianas contribuyen a darle cierto aire impenetrable y misterioso. Grandes mamíferos suelen encontrarse en estas selvas, las cuales se extienden por las regiones tropicales del continente sudamericano, África y Asia. La precipitación anual sobrepasa los 2.000 mm. por año, llegando a veces a 5.000 mm. El clima, por consiguiente, es cálido y húmedo.

La más importante selva tropical se halla en América del Sur, es la selva amazónica muy rica en especies arbóreas. Se calcula que en la selva del Amazonas hay más de 2.500 especies de árboles. La altura media de los árboles es de 50 a 60 metros. En muchos casos se forman verdaderos estratos o pisos verdes difíciles de delimitar; sin embargo, se reconoce un **estrato superior**, uno **medio** y uno **inferior.**

En cuanto a la fauna, existen muchas especies arborícolas que consiguen abundantes frutos en las copas de los árboles para su alimentación. La fauna de los invertebrados es muy rica en especies.

En las regiones subtropicales existe un tipo de bosque que se diferencia de la selva lluviosa por una menor estratificación vertical de la vegetación y una organización más simple de la comunidad vegetal, mientras que la fauna es muy abundante.

Este tipo de bosque recibe el nombre de bosque monzónico, en el que predominan las plantas caducifolias que pierden las hojas en la estación seca. Abundan estos bosques en el sudeste asiático, en la India, en América del Sur, Centroamérica, algunas zonas de África occidental y en Australia septentrional, pero con poblaciones animales y vegetales diferentes.

La Sabana

La sabana viene a representar en las bajas latitudes o trópicos lo que la pradera en las latitudes medias. La

La Sabana de pasto y morichal en los Llanos.

sabana es una formación vegetal cubierta por hierbas que alternan con vegetación arbórea aislada o constituyendo pequeños bosques, como los **bosques de galería** a lo largo de los ríos. En la vegetación herbácea de la sabana predominan las gramíneas, muchas de las cuales constituyen excelente pasto para el ganado.

Hay una estación seca bien definida, durante la cual la vegetación se seca y caen las hojas de los árboles. En la estación lluviosa la vegetación es exuberante y gran parte de la sabana queda inundada. Las sabanas ocupan considerables extensiones de algunos países tropicales de África, Asia, Australia y América del Sur. En este continente encontramos extensas sabanas en Venezuela, Colombia y Brasil.

La flora y la vegetación en cada continente es diferente. Frecuentemente las grandes llanuras donde predomina la vegetación sabanera, se hallan interrumpidas por agrupaciones vegetales características, de las cuales sólo citaremos las más importantes:

— **El morichal**, formado por la agrupación de la palma moriche *(Mauritia minor)*.

Los corocoras viven en las ciénagas y sabanas

— **El chaparral**, formado por árboles pequeños de cuatro metros de altura y algunos arbustos. La especie más representativa es el chaparro *(Curatella americana)*.

— **El bosque de galería** lo encontramos a los lados de los ríos que atraviesan la sabana. Las zonas inundables en época de lluvia se denominan *esteros* y *bajíos* y las zonas no inundables se llaman *bancos*.

Las formaciones boscosas de la sabana constituyen una riqueza apre-

El Manglar

ciable, ya que muchas de sus especies son maderables. En los países templados responden a este tipo de características las praderas, que como las sabanas, se utilizan principalmente para el pastoreo y cultivo de gramíneas.

El Manglar

En las aguas tropicales y subtropicales sobre algunas áreas costeras, crece una vegetación típica que se conoce con el nombre de *manglar,* llamado así porque las especies arbóreas que lo forman pertenecen a lo que comúnmente se llama mangle. Estas plantas toleran una salinidad alta. El mangle rojo (*Rhizophora mangle*), crece en contacto con el agua marina, sobre fondos de poca profundidad a los cuales se adhiere fuertemente por medio de sus numerosas raíces adventicias. Una abundante y variada fauna vive en este medio y muchas especies como el ostión (*Crassostrea rhizophorae),* se fijan sobre las raíces. Otras especies de mangle son: *Avicennia nitida* que emite gran cantidad de raíces respiratorias, o **neumatóforos**; "el mangle blanco", (*Laguncularia racemosa)* y el "mangle botoncillo", (*Conocarpus erectus).*

El manglar en algunas costas tropicales forma una franja litoral que puede alcanzar varios centenares de metros de anchura, donde vive una comunidad rica en especies e individuos y, por tanto, presenta alta productividad. El manglar constituye un ecosistema de gran interés biológico y ofrece las siguientes ventajas:

a) Protección a las costas contra la erosión de las aguas marinas;
b) Permite el avance terrestre sobre el mar;
c) Contribuye a la formación de islas.

El manglar presenta condiciones excelentes para el desarrollo de larvas y etapas juveniles de muchos animales marinos. La destrucción del manglar con el fin de tomar los ostiones y otros animales comestibles ocasiona daños inmensos a la fauna que habita en ese ambiente. Por otra parte, las costas quedan sin protección contra las arremetidas de las tormentas tropicales.

La explotación del mangle para obtener madera y otros derivados, requiere estudios muy serios para evaluar las consecuencias y daños que éstos podrían ocasionar al equilibrio del ecosistema.

El cactus es una especie que se adapta al clima seco.

56

CARACTERÍSTICAS DE LOS BIOMAS MÁS IMPORTANTES DEL MUNDO

BIOMA	PRECIPITACIÓN ANUAL	CLIMA	VEGETACIÓN	FAUNA	ÁREA GEOGRÁFICA
Desierto	Escasa: 150 a 250 mm	Cálido, frío en regiones polares	Cactus, espinares.	Roedores, insectos, aves.	Sahara y Kalahari (África), algunas regiones de América del Sur y Vzla.
Tundra	Escasa. Poca evaporación.	Frío y helado.	Líquenes y musgos.	Reno, caribú, buey y almizclero.	Región circumpolar de Norteamérica, Europa y Asia.
Pradera	500 a 750 mm	Clima templado	Gramíneas, hierbas.	Herbívoros, ganado de pastoreo, roedores.	Europa, Asia, Norteamérica, Argentina (la pampa), Australia.
Sabana	Escasa: menor de 1.500 mm	Cálido y seco.	Gramíneas, formaciones arbóreas: morichal, chaparral, bosque de galería.	Venado, oso hormiguero, roedores, reptiles, aves.	Brasil, África, Asia, Colombia, Venezuela
Bosque de coníferas	Escasa	Frío	Pino, abeto, castaño.	Ciervos, alces, castores	Europa, Estados Unidos, Norte de Europa, Siberia (Asia)
Bosque templado caducifolio	Precipitaciones suficientes	Templado	Roble, haya, castaño	Insectos, lobo, zorro, reptiles.	Europa, Estados Unidos, Asia, Chile.
Páramo	Escasa	Frío	Formación herbácea, frailejón, líquenes.	Oso frontino y algunas aves.	Países andinos
Selva pluvial mesotérmica	Abundante: más de 1.600 mm	Fresco y húmedo	Vegetación variada y arbórea	Fauna abundante	Zonas tropicales altas entre 800 y 1.500 metros, Venezuela.
Bosque tropical caducifolio	Precipitaciones suficientes	Cálido	Ceiba, roble	Insectos, aves, reptiles y mamíferos	Brasil, Colombia, Venezuela
Selva pluvial macrotérmica	Abundante: más de 2.000 mm	Cálido y húmedo	Grandes árboles, bejucos, lianas	Fauna abundante	Cuenca del Amazonas, Asia Ecuatorial, África ecuatorial. En Vzla: delta del Orinoco y Sur del Amazonas.

CONTAMI-NACIÓN AMBIENTAL

La contaminación del ambiente es un problema mundial

La contaminación, con todos y cada uno de los problemas que conlleva, es hoy en día una preocupación mundial. Para muchos se trata simple y llanamente de la supervivencia del hombre sobre la Tierra.

No es necesario estudiar ni discutir mucho para convencernos de que los problemas de la contaminación son reales y apremiantes y exigen soluciones urgentes.

Estos problemas afectan a la gran mayoría de los seres humanos sin distinción de raza, condición social, progreso técnico, educación, religión o cultura.

Más aún, son los países industrializados los primeros en percibir y

Si la humanidad pretende sobrevivir debe mantener el suelo, el agua, el aire y la atmósfera libre de la contaminación.

sufrir los inconvenientes derivados de la contaminación.

Por eso, no es casual, que las primeras manifestaciones de toma de conciencia hayan partido de los países más avanzados.

Esta toma de conciencia comienza con la información acerca del problema y sus posibles causas y soluciones.

¿Qué se entiende por Contaminación?

Los recursos naturales no son inagotables; es menester conservarlos

Entendemos como **contaminación** *la degradación del ambiente*, y es uno de los más graves problemas de la civilización actual.

La explotación irracional sin control de los bosques, el deterioro de las aguas y del aire, la gran variedad de especies animales extinguidas o en peligro de extinción, y otros problemas semejantes, nos ha llevado a constatar un hecho verdaderamente grave "la humanidad se está autodestruyendo".

Los desechos humanos contaminan el ambiente. Nuestra cultura genera una cantidad enorme de latas, cajas, botellas plásticas y otros desechos sólidos, lo que ocasiona que se nos estén acabando los lugares para descargar nuestra basura.

El hombre, por afán de lucro y con la finalidad de obtener beneficios personales y por lo tanto temporales, sigue un camino que solamente conduce a la destrucción y deterioro de la faz de la tierra, sin dejar ningún refugio posible para el florecimiento en toda su plenitud de la vida y de la salud.

El hombre ha luchado desde su aparición sobre la tierra para poder dominar los fenómenos naturales y esto le ha costado mucho dolor y lágrimas. Tal vez por esto se ha creído dueño y señor de la naturaleza. Y esto es una realidad, que el hombre ha aprovechado para su propio y egoísta beneficio, sin pensar más allá de sí mismo, ni siquiera en sus propios descendientes.

La explotación irracional de los bosques afecta al suelo a la larga en la atmósfera.

Hemos vivido durante mucho tiempo con la idea de que la naturaleza es un bien inagotable, gratuito y eterno. Pero hoy descubrimos todo lo contrario; que la naturaleza es un bien que se agota y se deteriora, si no se le maneja con inteligencia. Es necesario reconciliarse con ella, para protegerla y utilizarla racionalmente.

Debemos educarnos ambientalmente e impartir, a través de jornadas y campañas de concientización a la humanidad, la búsqueda de nuevas tecnologías que permitan el progreso del hombre y el mantenimiento constante del equilibrio ecológico.

Causas de la contaminación

Existen dos causas principales y fundamentales de la contaminación:
1. **La revolución industrial** y
2. **La explosión demográfica.**

La revolución industrial comienza a principios del siglo XIX, siendo sus típicos representantes, el ferrocarril y las fundiciones.

En esta etapa el hombre utiliza máquinas accionadas por fuentes

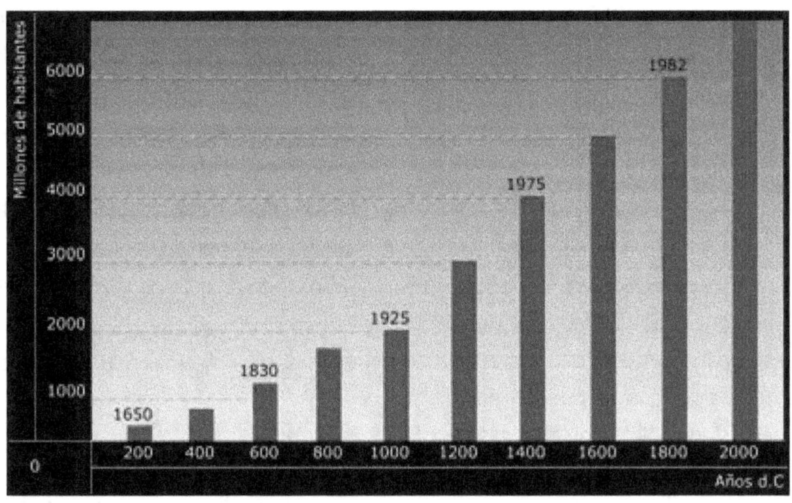

Crecimiento de la población mundial a través de los siglos

energéticas diferentes a la solar, como la obtenida de combustibles sólidos (carbón, hulla) que va en aumento constante. Los productos de desecho de estos materiales energéticos fueron enviados hacia una atmósfera que hasta entonces había permanecido prácticamente virgen.

Igualmente, los materiales empleados por el hombre para uso doméstico o industrial no entraban en el reciclaje normal y poco a poco su disminución se haría notar en la naturaleza.

La **explosión demográfica** acarrea una serie de consecuencias nefastas, que hacen que la contaminación se agigante rápidamente. En 1650 la población humana apenas llegaba a 500 millones de seres humanos, pero la tasa de crecimiento era muy baja (aprox. 0,3% anual). Para el año 1900 la Tierra contaba con 1.000 millones de seres humanos.

Pero es a partir de esta fecha, cuando comienza un crecimiento demográfico galopante. En 80 años más, la población del planeta llegó prácticamente a los 4.000 millones, con una tasa de crecimiento de 2,1% anual.

Con esta tasa de crecimiento la humanidad se duplica cada 33 años, en lugar de los 250 años que necesitó entre 1650 y 1900.

La Contaminación Atmosférica

La atmósfera es la capa de aire que rodea la Tierra. La vida necesita para su desarrollo materiales de todo tipo, que se pueden encontrar en estado sólido, líquido y gaseoso. El aire constituye uno de estos elementos básicos de todo ser vivo. La capa gaseosa que cubre la Tierra, en un espesor de hasta 300 Km., se denomina **atmósfera**.

La composición de la atmósfera es la siguiente: 75,3% de nitrógeno, 23,2% de oxígeno, 1,3% de CO_2.

El 0,2% restante está representado por los llamados gases nobles como: argón 0,04%, criptón 0,028%, xenón 0,005%, neón 0,00086%, helio 0,000056%. El oxígeno constituye más del 23% del peso de la atmósfera y junto con el nitrógeno es el responsable principal de la presión atmosférica.

Cada día respiramos unos 15 kg. de aire atmosférico, mientras que solamente tomamos 2,5 kg. de agua y menos de 1,5 kg. de alimentos sólidos. De aquí se deriva la gran importancia que tiene la presencia de una atmósfera en su pureza natural, rica en oxígeno. Desgraciadamente esta atmósfera ha venido contaminándose, sobre todo a partir de la industrialización moderna, y en la actualidad, es uno de los problemas más agobiantes

a resolver y que constituye un motivo de alarma en las grandes ciudades y en las zonas industriales.

Agentes contaminantes de la atmósfera

La contaminación atmosférica se debe a la presencia de sustancias sólidas, líquidas y gaseosas que son expulsadas hacia la atmósfera por diversos medios y que al permanecer suspendidas, cambian la composición físico-química del aire. Esto introduce variaciones en los constituyentes del aire y puede provocar molestias y daños a los seres vivos y específicamente al hombre. Se calcula que existen en el aire más de cien sustancias contaminantes. Entre estas sustancias tóxicas mencionaremos:

a) **Gases tóxicos,** como el monóxido de carbono, óxidos de nitrógeno y azufre, compuestos de plomo y mercurio, aldehídos, entre otros.

b) **Partículas sólidas:** polvillo producido por trituración de materiales y pulverización de productos.

Entre las principales fuentes de contaminación, tenemos las siguientes:

La contaminación industrial afecta severamente al planeta

1) **Las industrias** que con sus típicas y terribles chimeneas humeantes, ensombrecen el paisaje y saturan el aire de gases tóxicos irrespirables.

2) **Combustiones domésticas e industriales** en especial las que provienen de combustibles sólidos (carbón) que producen humo, polvo y óxido de azufre que, al combinarse con el vapor de agua atmosférico, producen ácidos irritantes.

3) **Vehículos automotores**, que por su creciente número y mal funcionamiento en muchos casos, descargan a la atmósfera enormes cantidades de gases indeseables, como monóxido de carbono, óxidos de plomo y nitrógeno, y partículas sólidas, la mayoría de las cuales son tóxicas.

En la actualidad se conocen más de cien sustancias contaminantes de la atmósfera. Las más importantes son:

–Dióxido de azufre
–Dióxido de carbono o anhídrido carbónico
–Monóxido de carbono (letal)
–Óxidos de nitrógeno
–Óxidos de plomo
–Fluoruros, polvo atmosférico.

La limpieza de desechos tóxicos debe hacerse con los equipos apropiados para evitar extender su daño mayores al ambiente y a las personas.

Efectos de la contaminación atmosférica

Las consecuencias para el hombre, a largo plazo, aún no son muy conocidas, sobre todo, debido a la gran diversidad de las aglomeraciones humanas y a las distintas condiciones de vida características de cada país, condición social, costumbres, recursos, etc.

Está fuera de duda que entre las enfermedades que son consecuencia de la polución del aire se destacan las que producen lesiones broncopulmonares, tales como: *bronquitis, asma, efisema pulmonar, entre otras.*

Algunos estudios han demostrado que el asma afecta del 3 al 5% de la población; y que el 35% de los repo-

El aire contaminado genera una innumerable cantidad de enfermedades

carbón negro y el asbesto utilizado en las bandas de frenos son responsables de la aparición de gran número de tumores malignos.

El aire muy contaminado, produce enfermedades agudas y muerte prematura.

Los animales y las plantas no escapan a los efectos nocivos de la contaminación atmosférica. Se ha manifestado en el ganado vacuno, bovino, caballar, abejas y gusanos de seda. En los vegetales, podemos citar la desaparición de los líquenes de las ciudades. El flúor ataca a las coníferas impidiendo su crecimiento normal. El pino silvestre es muy sensible a la presencia del dióxido de azufre.

sos médicos concedidos a trabajadores de toda índole son causados por enfermedades de tipo respiratorio.

La relación entre la contaminación atmosférica y la incidencia del cáncer está comprobada y se han llegado a encontrar agentes cancerígenos en varios compuestos contaminantes presentes en la atmósfera.

Asimismo, entre las sustancias producidas por los motores de los vehículos se ha determinado que el

Contaminación del suelo

El suelo es considerado el centro de la biosfera como el lugar donde viven numerosos organismos. Se encuentra en constante transformación y junto con el aire y el agua constituye la base físico-química donde se desarrolla la vida. El suelo es, sin lugar a

dudas, un componente fundamental de muchos ecosistemas y, como tal, se mantiene en equilibrio mediante su función de recibir y donar sustancias necesarias para su mantenimiento. Muchas de las sustancias que contaminan la atmósfera, después de mantenerse cierto tiempo suspendidas en ella, caen por su mayor densidad o son arrastradas por la lluvia, pasando a formar parte de los suelos a los cuales también contaminan.

Contaminación de origen industrial

Así como las industrias necesitan de materia prima para realizar sus operaciones, del mismo modo todas las industrias producen una serie de desechos más o menos nocivos que pueden contaminar los suelos produciendo la degradación del mismo. Debido al intenso desarrollo industrial de muchos países, este tipo de concentración adquiere cada día mayores riesgos, por lo cual, las diferentes legislaciones tienen muy presente a la hora de permitir la instalación y funcionamiento de una industria, la cantidad y calidad de desperdicios que se derivan del funcionamiento de cada fábrica en particular.

TIERRA

Los contaminantes industriales pueden llegar al hombre por conducto de las aguas subterráneas o superficiales o por defecto de los drenajes; también por medio de las plantas que absorben dichos productos contaminantes, y finalmente a través de un herbívoro que lleve hasta el hombre por intermedio de las cadenas alimentarias, a veces muy complejas, las sustancias tóxicas que recibieron de las plantas y éstas de los suelos.

Las aves, por ejemplo, pueden ingerir los granos contaminados con pesticidas o insecticidas. El ganado vacuno, bovino y porcino ingiere los residuos depositados sobre la vegetación, y por este medio pueden llegar hasta el hombre.

Son muy tóxicos los componentes de plomo, mercurio, arsénico, selenio, cadmio, etc... que pueden acumularse en el suelo, disolviéndose lentamente hasta transferirlo a las plantas, y de este modo propagarse naturalmente por medio de una cadena alimentaria. Todo lo cual hace necesario controlar el vertido de estos productos al suelo.

Contaminantes sólidos

Constituyen lo que generalmente llamamos "basura" y provienen de la actividad cotidiana del hombre en la industria, comercio, oficina y hogar.

La producción de basura oscila entre 1 y 2 kg por habitante por día. Sin embargo, estas cifras tienden a aumentar anualmente en un 3% en volumen y un 2% en peso, variando naturalmente en cada país.

Los contaminantes sólidos presentan ciertas características que permiten al hombre clasificarlos, reciclarlos y en gran parte utilizarlos como materia prima para la fabricación de fertilizantes y materiales energéticos. Podemos clasificar estos residuos, según su origen, en dos grupos:

Residuos domiciliarios

Provenientes de las viviendas y oficinas que contienen grandes cantidades de cartón, plásticos, restos de alimentos en estado natural o cocinados. Cuando estos desechos se almacenan por mucho tiempo por falta de una institución de aseo urbano competente, se convierte en un medio excelente para la proliferación de insectos, ratas y alimañas de todo tipo que conllevan un grave peligro para la salud.

Residuos urbanos

Provienen de la limpieza de las calles, cloacas, tuberías, drenajes, etc. y están constituidos principalmente por restos inorgánicos (polvo). Pueden provocar enfermedades, principalmente de tipo respiratorio por la gran cantidad de bacterias y virus que contienen.

La contaminación de aguas y suelos afecta a los cultivos.

Los focos de miseria son fuentes de contaminación y acumulan habitables entornos dudosos.

Residuos industriales

Provienen de las fábricas, plantas industriales etc., en muchos casos son desechos no recuperables y deben eliminarse en lugares adecuados; en otros casos deben tratarse antes de ser reciclados.

Toxicidad de los plaguicidas

No se puede negar el hecho de que los plaguicidas han servido al hombre en su lucha contra enfermedades tanto en las agricultura (exterminio de "royas" y "carbones" del maíz y del trigo) como en la especie humana: ayudando a la eliminación del paludismo en muchos países.

Pero la utilización incontrolada de estas sustancias ha traído innumerables perjuicios.

a) Reduce considerablemente algunas especies de insectos útiles.
b) Al eliminar las especies perjudiciales, los consumidores de éstas padecen escasez de alimentos y se establece una competencia por el alimento disponible y la población disminuye.
c) Esto trae como consecuencia, la aparición de nuevas plagas.

d) Muchas especies de insectos sufren mutaciones genéticas que los hacen resistentes a plaguicidas específicos, por lo cual su uso no es eficaz para el fin que se persigue, pero sí es dañino al hombre y al suelo.
e) Para resolver esta resistencia, se modifican y descubren otros plaguicidas, diversificándose la contaminación.

La quema, además de afectar la vida en los suelos, deteriora la atmósfera.

f) La toxicidad de casi todos los plaguicidas pasa a las aguas, al ser arrastrados por los vientos y las lluvias, causando enfermedades y muerte en numerosas especies de aves y peces con la posible intoxicación de los seres humanos que los consumen.

g) Estas sustancias son muy resistentes a la **degradación química** (por acción del oxígeno y otras sustancias) y a la **degradación biológica** (por carencia de microorganismos desintegradores específicos) y permanecen inalterables durante 3 y más años.

En California se encontró que el DDT permaneció en el suelo, después de 18 años de haber sido utilizado.

Contaminación de las aguas

Aunque la contaminación del agua puede ser accidental, la mayor parte deriva de vertidos no controlados de origen diverso. Los principales son debido a:

1) **Aguas residuales urbanas.** Comprenden los residuos provenientes de consumo y uso doméstico. Su volumen aumenta constantemente (500 litros por habitante/día).

2) **Aguas de origen industrial.** Constituyen la fuente principal en la contaminación de las aguas, tanto por su volumen como por el grado de contaminación que producen. Los principales sectores contaminantes son las industrias relacionadas con petróleo, carbón, industrias químicas, derivados de la celulosa.

3) **Contaminación de origen agrícola.** Proviene principalmente de los productos utilizados en la agricultura, como fertilizantes, herbicidas y plaguicidas y de los residuos de origen animal (cría de puercos, vacas, pollos).

Efectos de la contaminación de las aguas

Aunque el poder de biodegradación y autorregulación de las aguas es grande, si el total de materia contaminante supera ciertos límites, sobrepasa la capacidad autodepuradora de las aguas y esto trae como consecuencia la lenta desaparición de la vida en estos ecosistemas, que se van convirtiendo en cloacas al aire libre.

La contaminación genera desequilibrios ecológicos.

Los efectos de la contaminación de las aguas se manifiestan de diversas manera:

a) **Efectos biológicos.** Los productos más tóxicos, son los de origen industrial y causan verdaderas catástrofes en la fauna acuática, particularmente en los peces, los cuales sufren paralización de su metabolismo. El mayor consumo de oxígeno empleado por los microorganismos depuradores con el fin de regenerar el agua, puede causar la muerte de miles de individuos de varias especies. En cuanto al hombre los daños causados por el agua contaminada pueden ser graves y en algunos casos hasta fatales. Entre las enfermedades de origen hídrico mencionaremos: la fiebre tifoidea, la bilharziasis, la hepatitis, la disentería amibiana y la poliomielitis.

b) **Efectos físicos.** La contaminación del agua se manifiesta por malos olores, cambio de color, alteración de la temperatura, enturbamiento, entre otros.

c) **Efectos químicos.** Cuando existe exceso de nutrientes y materia orgánica, se produce la eutrofización de los lagos y cuerpos de agua en general, lo cual altera el ecosistema y produce la muerte de las especies.

Contaminación del mar

La cadena de la contaminación llega al mar y océanos, a través de los ríos, directamente del medio terrestre, o de la atmósfera, mediante precipitaciones por acción de las lluvias y el viento.

Desde siempre el mar ha sido considerado como un vertedero natural. El mar posee una gran capacidad autodepuradora y es un medio poco favorable para el desarrollo de la mayoría de los microorganismos.

Sin embargo, la contaminación progresiva convierte las aguas costeras en medio favorable para la supervivencia de bacterias patógenas.

Las fuentes de agentes polutantes propias del mar son: los constantes derrames de petróleo, la basura de miles de embarcaciones, los desechos que son arrastrados por los ríos, además de los lixiviados que produce la basura.

El mar tiene gran capacidad depuradora, sin embargo debemos evitar su contaminación.

Contaminación por ruido

El ruido es uno de los problemas más graves de la sociedad moderna. El constante martilleo, los automotores, la música ruidosa, las explosiones, los aviones, etc., producen ruidos de intensidad variada que pueden ocasionar una serie de trastornos de diversa índole en la persona.

Para tener una idea de la intensidad del ruido podemos señalar que en una habitación tranquila, la intensidad del ruido llega a 30 ó 40 *decibelios* (dB), en la calle de 70 a 90 dB en un momento de mucho tráfico; el martilleo neumático alcanza una intensidad de 130 dB. Esta intensidad es dolorosa para el oído humano y por lo tanto sumamente perniciosa.

Se han propuesto muchas definiciones sobre el ruido y una de las más sencillas es la que lo considera como un sonido desagradable. Aquí está precisamente el poder determinar el punto o frontera entre un sonido agradable y otro desagradable, ya que en esta apreciación intervienen factores subjetivos, cultura, intensidad del sonido, entre otras.

El ruido y el congestionamiento de tráfico son factores que generan ansiedad y stress.

Las causas más frecuentes del ruido son las industrias, los vehículos y aviones, aparatos electrodomésticos, los equipos de sonido a todo volumen, etc.

Los **efectos fisiológicos del ruido** son principalmente la fatiga auditiva, sordera laboral y los traumatismos acústicos.

La fatiga auditiva. Se traduce por la imposibilidad o dificultad de

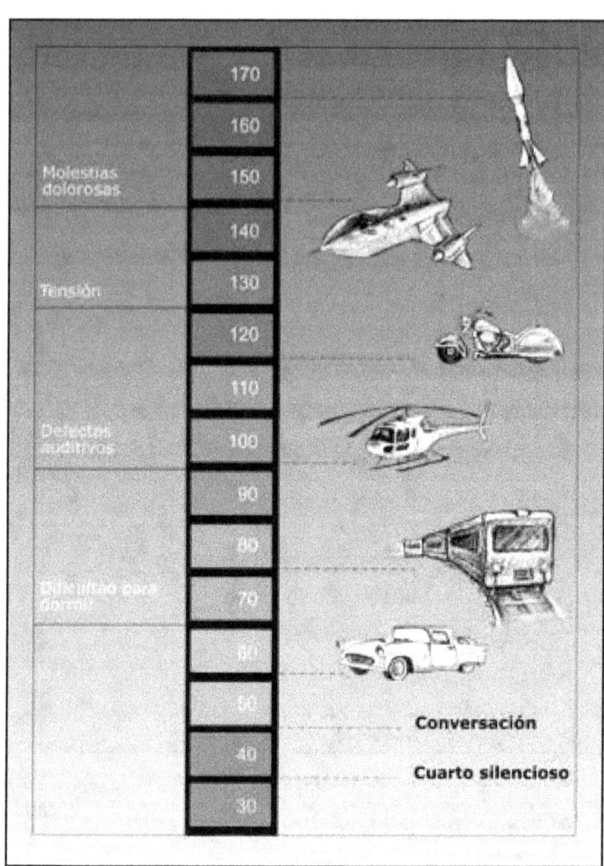

percibir sonidos cuya intensidad sea inferior a 70 decibelios. Además produce fatiga permanente y a partir de los 100 decibelios, **cardiopatías.**

El encubrimiento. Dificultad de percibir un sonido, bajo los efectos de un sonido distinto que se superpone al primero.

Sordera laboral. Son una consecuencia de las profesiones y oficios que tienen que estar en contacto con ruidos intensos: carpinteros, perforadores, mecánicos, ingenieros aeronáuticos, etc.

Traumatismos acústicos. Ruptura del tímpano, desajuste en los líquidos acústicos que llevan a la pérdida de la sensibilidad auditiva. Se dice que en la actualidad se está formando una generación de futuros sordos, pues cada vez se incrementa más el ruido en las ciudades.

Efectos psicofisiológicos del ruido. Los más sobresalientes son:

1) **Interrupción del sueño.** Estudios electroencefalográficos permiten afirmar que un sueño normal es alterado cuando la intensidad del sonido supera los 70 decibelios.

2) **Disminución del rendimiento laboral.** Se ha calculado que el ruido es el responsable del 50% de los errores mecanográficos; del 20% de los accidentes de trabajo y del 20% de las horas hombre de trabajo perdidas.

3) **Contribuye al estado de ansiedad.** Es uno de los factores que crea tensión, angustia y ansiedad que conforman el estado denominado *stress*. Conducta conflictiva y agresividad e *impotencia sexual*.

La basura: su incidencia en la salud pública

Basura es todo residuo putrescible o no (a excepción de las excretas). La basura incluye desperdicios, desechos, cenizas, productos de la limpieza de calles, animales muertos y restos sólidos procedentes de mercados e industrias.

La acumulación de la basura presenta el peligro de constituirse en un criadero de insectos, principalmente moscas, mosquitos y zancu-

La basura es un problema de conciencia ciudadana.

dos, muchos de los cuales intervienen en la transmisión y propagación de enfermedades tales como: **gastroenteritis, fiebre tifoidea, disentería, entre otras.**

Los desperdicios de alimentos y materias orgánicas contenidos en las basuras atraen a las ratas, que intervienen en la propagación de enfermedades como la **peste bubónica, el tifus, la leptospirosis, intoxicaciones alimenticias, rickettsia, etc.**

Las latas, botellas y recipientes capaces de almacenar agua, son criaderos de mosquitos transmisores de **fiebre amarilla, paludismo, encefalitis.** Los residuos alimenticios atraen a chiripas y cucarachas, las cuales al utilizar las cloacas como vías de circulación. La propagación de enfermedades se incrementa con los lixiviados.

La putrefacción, especialmente la anaeróbica del contenido orgánico de las basuras, produce olores desagradables que ocasionan molestias. Si las basuras son quemadas sobre el suelo se produce humo, olores y gases tóxicos con la consiguiente contaminación atmosférica, además de existir en ciertos casos, peligro de incendios.

Los desechos son causa de accidentes y de propagación de enfermedades (tétanos, cortaduras), cuando son manipulados para extraer de ellas objetos diversos. Debemos recordar que a cielo abierto, se manifiesta el fenómeno curioso de una población, sin diferencia de edad o sexo, que vive a expensas de los residuos alimenticios y de los objetos que puedan obtener de la basura.

Sistemas para la disposición final de la basura

En la actualidad se utilizan di-

La basura atrae animales y microorganismos que propagan enfermedades.

versos métodos para disponer de los desechos. Para la adopción del método más conveniente es indispensable la investigación de la calidad y cantidad de la basura. Actualmente se diferencian varias clases de basura:

1) Las procedentes de desperdicios de comida.
2) Residuos metálicos, plásticos y de vidrio.
3) Las que contienen una mezcla de ambos.

Los métodos usados para la eliminación de la basura o *desechos sólidos*, se pueden reducir a dos caminos posibles: acumulación en lugares determinados y **reciclaje** o **recirculación** aprovechando los productos por diversos métodos de tratamiento. Para la acumulación o disposición final de la basura se utilizan los siguientes métodos:

1) **El relleno sanitario.** Consiste en depositar la basura a cielo abierto en lugares espaciosos, esparciéndolas en capas delgadas y cubriéndolas con tierra y apisonándolas para reducir su volumen (aproximadamente se necesita 1 Ha. por año para cada 50.000 habitantes). El método da excelentes resultados y representa una

La basura se debe clasificar para su reciclaje.

auténtica economía cuando se dispone de un área suficientemente grande y se ajusta a las normas de higiene establecidas. Las diferentes etapas son:

a) Depositar la basura de una manera planeada y controlada.

b) Esparcirla y apisonarla para formar capas delgadas con el fin de reducir el volumen.

c) Cubrimiento del material con una capa de tierra.

d) Apisonar nuevamente.

e) Lo más importante sucede dentro de la masa de basura y consiste en una lenta fermentación cuyo éxito depende del funcionamiento efectivo de los microorganismos (levaduras, bacterias) presentes en la basura.

f) Para aumentar las condiciones que aseguren la acción biológica degradadora, es necesario asegurar durante 3 días, por lo menos, una temperatura de unos 55°C, para lo cual deben estar a no más de 55 cm. de la superficie.

2) **Incineración directa**. Este sistema consiste en someter la basura a

la combustión rápida en hornos especializados, técnicamente diseñados. Necesita una previa clasificación de la basura para evitar la producción en masa de gases tóxicos. Las cenizas resultantes deben ser dispuestas finalmente y son muy apreciadas como fertilizantes. La **incineración** de la basura tiene la desventaja de producir muchos residuos incombustibles, que deben seguir el camino de los rellenos y además producen humo que contamina la atmósfera.

Reciclaje de la basura

Mediante la recirculación de la basura se obtienen los siguientes productos:

a) **Producción de alimentos para animales:** Principalmente se utilizan los desechos de origen orgánico, previamente escogidos, como grasa, huesos, sangre y otros que pueden utilizarse en la fabricación de alimentos concentrados para animales; y, en el caso de la grasa, se puede fabricar sebo, el cual se utiliza en la industria del jabón.

b) **Conversión de la basura en abono:** Triturando la basura mezclada con tierra adecuada, se puede obtener una mezcla que una vez fermentada, tiene grandes ventajas como abono con el cual se pueden mejorar y recobrar terrenos otrora improductivos.

Últimamente se ha recurrido a ciertas instalaciones costosas que permiten una fermentación rápida por medio de temperaturas controladas durante el tiempo determinado. El resultado es la obtención de un producto parecido al *"humus"* que después puede añadirse a los terrenos de cultivo, con magníficos resultados.

CONSERVA-CIÓN DE LOS RECURSOS NATURALES

El hombre ha vivido durante mucho tiempo con la idea de que los recursos naturales son inagotables, por lo tanto no se había preocupado por su continuo deterioro. Pero hoy en día la humanidad ha descubierto que la naturaleza pródiga, es un bien muy frágil y que, de seguir el uso indebido y la explotación irracional de los recursos naturales, puede correr peligro su supervivencia.

Al desaparecer la naturaleza, la vida del hombre sobre la Tierra habría llegado a su fin. Por esto es necesario un cambio radical en las relaciones que hasta ahora se han establecido entre el hombre y la biosfera. Conservar no significa no utilizar, sino administrar sabiamente la naturaleza para beneficio del hombre y de la sociedad, respetando los mecanismos ecológicos que rigen los procesos naturales.

La Conservación se puede definir como el uso y manejo racional de los recursos naturales, de modo que obteniendo de ellos el mayor beneficio posible, no se agoten y puedan mantenerse productivos indefinidamente.

Los recursos naturales constituyen sin duda el patrimonio de la humanidad, de ellos vivimos y su conservación debe ser responsabilidad de todos.

Cada día se hace más patente y cierto el lema: "Conservar el ambiente o morir". No hay otra alternativa, sobre todo si pensamos en la herencia que dejaremos a futuras generaciones.

Entendemos por Recursos Naturales todos los elementos, compuestos y seres vivos que se encuentran en la naturaleza para el uso y disfrute del hombre. Generalmente los recursos naturales se dividen en dos categorías:

a)**Recursos naturales renovables:** son aquellos que usados racionalmente pueden aprovecharse indefinidamente, ya que se renuevan o reproducen constantemente en períodos más o

El petroleo se agotará de la faz de la tierra en los proximo años.

menos cortos. Entre estos recursos tenemos el suelo, el agua, la flora, la fauna, el aire y el paisaje.

b)**Recursos naturales no renovables:** son aquellos que se forman a través de los tiempos y cuya explotación tiende a agotarlos, pues en la práctica no se reponen o renuevan. Comprenden los minerales del subsuelo como el hierro, el petróleo y el carbón. La conservación de estos recursos cobra importancia, pues la explotación de ellos conduce a su agotamiento o desaparición.

Conservación del suelo

El suelo constituye el sustrato donde se fijan las plantas y sobre el cual vive un gran número de especies de seres vivos; es el reservorio de las sales minerales y compuestos químicos necesarios para el desarrollo y crecimiento de las plantas. Se ha definido el suelo como la capa superficial de la corteza terrestre, constituido por un sistema complejo de partículas rocosas, sustancias químicas diversas, microorganismos, residuos orgánicos, agua y aire. El suelo forma por tanto un ecosistema frágil y limitado que es necesario proteger y defender contra las acciones que tienden a degradarlo por su uso irracional o por contaminación.

El peor enemigo de los suelos es la erosión, que provoca su desgaste y degradación. Se entiende por erosión el desgaste y arrastre del suelo por la acción del agua y del viento. Al daño que la erosión causa a los suelos hay que agregar el mal uso que el hombre hace del mismo. La agricultura supone la sustitución completa de un ecosistema natural, por un ecosistema artificial altamente simplificado, compuesto de pocas plantas y animales y bajo la protección y cuidado del hombre.

Entre los problemas más graves en el empobrecimiento de los suelos esta la utilización de terrenos muy inclinados para cultivos, la agricultura nómada (conucos) y el monocultivo, el cual consiste en sembrar cada año en el mismo terreno la misma planta. Otra causa es el sobrepastoreo, es decir, cuando se mantiene sobre un terreno una cantidad excesiva de ganado.

El agua erosiona los suelos cuando están desprovistos de vegetación.

Medidas para la protección de los suelos

El suelo tienen una gran importancia como recurso natural, pues constituye el sustrato y reservorio de las sales minerales y compuestos químicos, necesarios para el desarrollo de las plantas, a las que sirve como soporte y fijación.

Las plantas protegen el suelo de los efectos de la erosión por medio de sus raíces y follaje y lo enriquecen con desechos y restos que producen. Las medidas de protección y conservación de los suelos podríamos reducirlas a lo siguiente:

a)Rotación de cultivos: consiste en alternar en años sucesivos los cultivos de ciertas plantas en el mismo terreno.

b)Cultivos de contorno: se aplica en terrenos inclinados y consiste en arar la tierra en surcos horizontales siguiendo el mismo nivel.

c)Cultivo en terrazas: se aplica en terrenos inclinados con escalones naturales; retiene el agua y facilita el trabajo agrícola.

d)Terrazas de retardación: consisten en pequeños diques o escalones que disminuyen la fuerza de las aguas.

e)Reforestación: consiste en sembrar plantas en terrenos desprovistos de vegetación.

f)Empleo de fertilizantes: se utilizan para mejorar las cosechas y evitar el empobrecimiento y agotamiento del suelo. Se mejora añadiendo abonos naturales y algunos minerales.

Conservación del agua

El agua es sin duda el recurso natural indispensable para la vida y constituye el medio en el que se realizan las funciones biológicas. El mal uso y la irresponsabilidad hacen que escasee con frecuencia, de tal manera, que en muchas poblaciones resulta ya un problema serio y costoso el abastecimiento de agua suficiente y limpia.

El crecimiento constante de la población, los incendios forestales, las talas y quemas de la vegetación, obligan a ser previsivos y tomar medidas en relación con el control de las inundaciones, eliminación de desechos, regularización de los cursos de agua, sistemas de riego, represas, embalses y aprovechamiento de la energía hidráulica.

El consumo de agua aumenta con el desarrollo industrial, tecnológico y social. La tecnología moderna afortunadamente ha progresado en materia de reciclaje de aguas. La eficacia de las instalaciones, proceso

El agua constituye un recurso natural para el mantenimiento de la vida en la biosfera.

y tratamientos se han multiplicado, debido a la escasez del "líquido elemento". Se recurre principalmente al cloro y al ozono para purificar el agua. Otros métodos son la adición de polielectrolitos y el uso de carbón activado para eliminar sabores y olores desagradables.

Origen del agua

La hidrosfera comprende el conjunto de todas las masas de agua en sus tres estados, que se encuentran en el planeta y que incluye mares, lagos, ríos, glaciares, nubes y la humedad del suelo. Según hipótesis recientes, se supone que, una vez constituida la corteza terrestre, el agua libre de la superficie de la Tierra unida a la procedente de la capa gaseosa y la que se encontraba incorporada en la litosfera, se fueron reuniendo en partes bajas y depresiones para originar los mares, lagos y ríos.

La composición química de las aguas de los mares primitivos, era muy distinta de la actual; aquellas contenían pocas sales inorgánicas, mientras las actuales presentan una elevada concentración salina debido al arrastre de partículas de los ríos que desembocan en el mar. Por otra parte, el ciclo hidrológico mediante el proceso de la evaporación de las aguas superficiales, hace que se mantenga un permanente intercambio de las aguas oceánicas con las continentales.

Medidas para proteger el recurso agua

Entre las medidas para la conservación de este importante recurso están:

1)Educación de la población en el sentido de economizar al máximo el agua potable de uso doméstico y de uso general.

2)Protección de bosques y de la vegetación.

3) Construcción de diques, para retener el agua y formar embalses que almacenen agua para uso doméstico, riego y producción de energía hidroeléctrica.

4)Reforestación de cabeceras de los ríos y zonas montañosas desprovistas de vegetación.

5)Evitar la contaminación de las aguas poniendo en práctica medidas y leyes estrictas para su conservación.

Conservación de la flora

Todo ecosistema terrestre o acuático, necesita un constante aporte de energía. La energía empleada por todos los seres vivientes proviene directamente o indirectamente del Sol.

La fotosíntesis es un proceso exclusivo de las plantas verdes que poseen clorofila, sustancia química capaz de iniciar la transformación de la energía luminosa para ponerla al servicio de la vida. Este proceso libera oxígeno a la biosfera. De aquí se deriva la gran importancia que reviste el cuidado y protección de la flora.

El hombre, ha abusado de este recurso, explotando sin conciencia los bosques, con la finalidad egoísta de un enriquecimiento rápido o por el instinto malsano de destruir.

Importancia de la vegetación

El papel que desempeñan las plantas en la vida del planeta debe inducirnos a defender y conservar este recurso contra aquellos factores que atentan contra ella.

Las razones de esta defensa podemos resumirlas así:

1)La vegetación proporciona inmenso beneficios desde el punto de vista agrícola, pecuario e industrial.

2)Protege el suelo de la erosión, a la vez que contribuye con sus restos a fertilizarlos.

3)Regula el régimen de los cursos de aguas.

4)Es el pulmón de la naturaleza, contribuye a purificar el aire mediante la producción de oxígeno.

5)Ofrece refugio y alimento a la fauna silvestre.

6)Forma parte importante del paisaje, proporcionando oportunidades recreativas al aire libre.

Medidas para proteger la flora

Entre las medidas que se requieren para la protección de la flora se recomiendan las siguientes:

a)Evitar los incendios forestales mediante el trazado de cortafuegos, vigilancia y dotación de equipos para el combate y control de fuego.

b)Erradicar la agricultura nómada dotando de tierras al campesino con legítimo derecho de propiedad.

c)Creación de parques nacionales, reservas forestales, jardines botánicos y preservación de áreas naturales.

d)Explotación racional de bosques bajo estrictas normas conservacionistas.

e)Emprender campañas y jornadas de reforestación bien planificadas y dirigidas científicamente.

f)Fomentar en centros educativos la conservación del ambiente y estimular al educando en la creación de bosques, jardínes y huertos escolares.

Conservación de la fauna

El hombre está acabando con numerosas especies animales unas veces por necesidad y otras por el lucro, y en algunos casos por el instinto de matar. El ataque constante a ciertas especies ricas en carne o en pieles, ha colocado a las puertas del recuerdo histórico a bellos ejemplares de la naturaleza. Se calcula que durante los tres últimos siglos se ha extinguido por la acción del hombre más de 100 especies de aves y 60 de mamíferos, además de un número indeterminado de otros vertebrados e invertebrados.

En la actualidad están en peligro de extinción unas 900 especies y subespecies de vertebrados.

En Venezuela existen más de 24 especies de animales en peligro de extinción, entre las que cabe mencionar: el perro de agua, el caimán, la tortuga arrau, el armadillo gigante, el puma, el oso hormiguero, el cóndor, la danta, el jaguar, el manatí, el oso frontino, el cardenalito, la tonina y el flamenco.

El oso hormiguero es una especie en peligro de extinción

Importancia de la fauna

Nadie duda del papel que la fauna desempeña en el mantenimiento del equilibrio ecológico y del control de las poblaciones que ejercen unas especies sobre otras. Estamos todavía a tiempo para salvar de la extinción a las especies en vías de desaparición y detener el exterminio de muchas que corren peligro por su explotación irracional. Son muchos los sectores de la sociedad, comunidades, universidades, asociaciones civiles que se han organizado en movimientos conservacionistas y ecologistas para la defensa de la naturaleza.

Protección de la fauna

Todas las medidas que hemos citado para la conservación del suelo, del agua y la flora repercuten en beneficio para la fauna. Las especies animales desempeñan papeles específicos en la naturaleza y contribuyen al equilibrio de las interacciones que existen entre los seres vivos y el ambiente. Por estas razones es necesario poner en práctica una serie de acciones que logren contener la destrucción de la fauna y garanticen su supervivencia. Entre las medidas para la protección de la fauna señalaremos las siguientes:

1)Reglamentación de la caza y la actividad pesquera.

2)Mantenimiento y desarrollo de parques nacionales.

3)Fomentar el estudio y conocimiento de la fauna silvestre para determinar sus ciclos biológicos y fijar temporadas de caza y veda.

4)Protección de reservas forestales y otras áreas silvestres.

Salvaguarda de los paisajes y reservas naturales

El paisaje es un elemento que forma parte del ambiente que rodea al hombre, que lo afecta y que puede influir en sus reacciones. En el mundo existen paisajes de gran belleza escénica que es necesario salvaguardar y evitar su deterioro o su utilización con fines urbanísticos. No sólo es el valor económico el que debe contar, sino el valor espiritual que proporciona un paisaje a los habitantes y visitantes, a quienes puede llevar paz espiritual, sosiego, recreación, etc. Estos son valores superiores que benefician a los pueblos.

Al hablar de paisajes debemos hacer referencia especial, como bellezas protegidas, a los parques nacionales, monumentos naturales, reservas forestales y santuarios de flora y fauna.

Importancia de las reservas naturales

Las reservas naturales constituyen una muestra de ecosistemas escogidos entre los más típicos dentro del medio natural de una región geográfica determinada.

Estas reservas naturales son superficies relativamente poco modificadas por el hombre, y cuya conservación están aseguradas por leyes, disposiciones y vigilancia.

La finalidad de estas reservas naturales son esencialmente científicas y educativas. Se otorga un interés especial a los ecosistemas naturales donde se conservan la flora y fauna primitivas y originales.

Parques Nacionales

Son espacios naturales generalmente de gran extensión que gozan de protección especial para preservarlos con fines científicos, didácticos y recreativos. Son famosos los parques nacionales de Estados Unidos, Zaire , Kenia, Rusia y Alemania. Venezuela cuenta con 43 parques nacionales, 21 monumentos naturales, 2 reservas de biosfera, 7 refugios y 5 reservas de fauna silvestre, con una extensión que representa cerca del 10% de la superficie del territorio nacional.

El mayor de los parques nacionales de Venezuela es el denominado Parima Tapirapeco, ubicado al sur del estado Amazonas, tiene un área de 3.420.000 hectáreas. Canaima, es el segundo con una superficie de 3.000.000 hectáreas en el macizo guayanés. En él se encuentra el Salto Ángel que es la cascada más alta del mundo.

Los parques nacionales presentan un patrimonio biológico excepcional de interés nacional y univesal.

El salto Ángel con sus 979 m es la caída de agua más grande del mundo.

En ellos esta prohibida la explotación de los recursos naturales tales como caza, el cultivo, la ganadería, la pesca, las explotaciones forestales, hídricas y mineras, así como también se prohibe la ocupación residencial, comercial o industrial.

Cada ciudadano o ciudadana que visita un parque nacional debe tener presente ciertas normas, entre las que podemos mencionar:

1) Respetar la vida de los animales silvestres.
2) Respetar la vegetación, evitando sacar del parque especimenes que viven en él.
3) Mantener limpio las áreas de visita.
4) No llevar mascotas.
5) No prender fogatas.
6) Acampar en las zonas autorizadas.
7) No ingerir bebidas alcohólicas.
8) No portar armas.

Es indudable que en el mantenimiento y aprovechamiento de un parque nacional, se pone de manifiesto la cultura de un pueblo; cuídalos.

EL HOMBRE Y LA ECOLOGÍA

Todas las ciencias tienen dos aspectos de interés que pueden prevalecer según sean las inclinaciones de la persona que las estudia o las necesidades impuestas por las circunstancias.

Uno es el aspecto estrictamente cognoscitivo, a veces clasificado con el rótulo poco preciso de "ciencia pura".

El otro, que suele llamarse "ciencia aplicada" o "tecnología", es el aspecto de la utilización de los conocimientos con algún fin específico. Esta distinción no es fácil de delimitar y es objeto de encarnizadas discusiones y polémicas.

Cuando se trata de los estudios ecológicos aplicados al **Homo sapiens**, la distinción se hace particularmente ardua, y es quizás útil intentar establecerla. Es tal la magnitud de los problemas, tan catastróficas que pueden llegar a ser las consecuencias de los errores, tan de cerca nos tocan a todos los resultados que se obtienen, que resulta difícil pensar en la

Si las centrales nucleares no toman medidas extremas de seguridad pueden ocasionar graves daños al medio ambiente.

Ecología Humana como una disciplina que se desarrolla sin ningún interés en sus aplicaciones prácticas.

Todos los principios de Ecología que hemos esbozado se aplican al hombre. Somos depredadores y a la vez consumidores primarios dentro de una compleja trama alimentaria. Somos huéspedes de parásitos y podemos ser considerados como parásitos de ciertos vegetales y animales. Formamos comunidades de funcionamiento complejo y participamos en procesos de competencia, tanto intraespecíficamente como extraespecíficamente.

El hombre tiene aspectos ecológicos únicos. Sus características de **homeotermo, omnívoro**, lo hacen muy adaptable a diferentes ecosistemas; su inteligencia y su habilidad manual le han permitido no sólo adaptarse, sino cambiar los ecosistemas según su conveniencia. Pero el hombre siempre está sometido a las leyes de la naturaleza y cada acción que ha realizado sobre los ecosistemas ha provocado una cadena de reacciones. Mientras las poblaciones humanas fueron escasas y no disponían de medios para realizar acciones muy intensas y ex-

tensas sobre el medio, los errores o abusos sólo tenían trascendencia local afectando a ecosistemas en un área reducida.

El desarrollo de la agricultura puede remediar los problemas de hambre en el mundo, pero debe haber una justa distribución de recursos.

Pero actualmente ya se empieza a hablar de una comunidad que abarca todo el planeta y en algunos casos las interacciones comunitarias llegan a escalas planetarias y aun espaciales. Nuestro medio, que ya debe ser pensado como buena parte de la biosfera, sencillamente no puede soportar cualquier abuso sin deteriorarse. No pensamos realmente en cataclismos como la destrucción de la vida sobre el planeta, ni siquiera en el fin de la especie.

Desarrollo y sub-desarrollo

Creemos, por otra parte, que es importante cuando se piensa en los problemas de Ecología Humana a gran escala, no perder de vista que aunque se realicen ya acciones con consecuencias continentales, las necesidades y problemas de las comunidades son diferentes unas de otras.

Para concretar la idea, nos bastará recordar cuáles son los problemas más urgentes de los países desarrollados, por un lado, y aquellos de los países subdesarrollados por otro. No puede hablarse seriamente ni de problemas ni de soluciones generales. En las naciones desarrolladas se hace cada vez más crítico el problema de la contaminación ambiental, o dicho de otro modo, el problema de la eliminación de los residuos. En las naciones subdesarrolladas hasta hace poco este problema prácticamente no existía, pero existe ciertamente tendencia de los países desarrollados a trasladar sus fábricas y plantas indus-

Existe notoria tendencia en los países desarrollados a trasladar sus fábricas a los países en desarrollo trasladando con ellas la contaminación.

Las concentraciones humanas en las grandes ciudades crean muchos problemas ambientales y de servicios.

triales a los países en desarrollo, trasladando así los problemas que acarrea la contaminación. Y esto lo llaman ayuda a los países en desarrollo.

Los países desarrollados, por serlo, no tienen problemas serios para conseguir alimentos o materias primas. Tienen dinero y poder suficiente. Los países subdesarrollados tienen muchas materias primas, pero están demasiado subdesarrollados para utilizarlas en forma eficiente y sólo pueden venderlas, con lo cual el valor agregado por su industrialización se les escapa.

El futuro del hombre

En cuanto a los alimentos, se pueden observar diferencias semejantes entre desarrollo y subdesarrollo. Los hidratos de carbono y grasas de origen vegetal son fuentes de energía accesibles para los países más pobres, pero la dieta humana requiere además proteínas para la construcción y mantenimiento de los tejidos.

La escasez de proteínas es más difícil de remediar que la escasez de calorías totales. La carne es una fuente importante de proteínas en la dieta de los países "desarrollados", como parece que ha sido desde que el hombre se convirtió por primera vez en cazador, pero la carne es ahora un lujo, que en cantidades adecuadas sólo pueden permitirse los relativamente adinerados. Las razones de esto son fácilmente comprensibles en términos de la pérdida en cada nivel trófico. Debe tenerse en cuenta que, según diversos cálculos, las necesidades diarias de proteínas de un adulto oscilan entre los 40 y 60 g diarios.

Bajo el aspecto de una buena nutrición, las proteínas animales son preferibles a las vegetales, porque el hombre ha evolucionado como carnívoro, y las proteínas animales tienen compuestos que no aparecen en las vegetales. Es necesario recordar que si todo alimento producido sobre la tierra, se pudiese distribuir adecuadamente, sería suficiente para la población actual; sin embargo, la esperanza para el futuro se apoya sobre variedades de cereales llamados de alto rendimiento. La lucha contra la erosión, el aumento de las superficies cultivadas, el aprovechamiento de zonas áridas, la lucha contra los parásitos y plagas, el mejoramiento de la agricultura a través de la tecnología y la genética son medidas que contribuyen al aumento de la producción de alimentos.

Es necesario establecer un nuevo orden internacional en los sectores financieros y económicos para estrechar los vínculos de la solidaridad humana, y poder superar todas y cada una de las dificultades que hasta hoy se presentan como insuperables.

Se deben revisar las diferentes alternativas que se están proponiendo en la actualidad y actuar en conjunto y debidamente coordinados, para hacer desaparecer de nuestro mundo, una de las causas de la infelicidad humana, el flagelo del hambre.

A MANERA DE EPÍLOGO

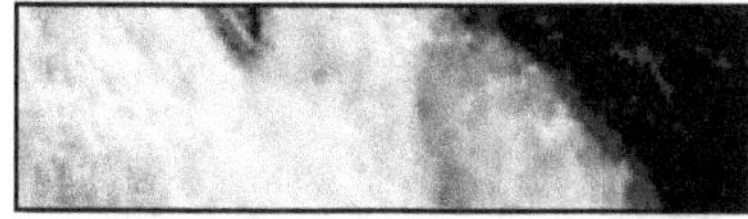

Finalmente, queremos repetir lo que ha sido una afirmación permanentemente sostenida por los ecólogos desde hace muchos años. La Ecología no puede solucionar los problemas. Los puede detectar a tiempo y puede indicar cuáles son las acciones posibles y aconsejables.

Las soluciones son de naturaleza política y tienen que ver, tanto a nivel municipal, estadal o nacional, como a nivel mundial, con el tipo de vida que deseamos para nosotros, para nuestros descendientes y también para los seres humanos en general. La Ecología puede ayudarnos a hacer efectivo ese principio cristiano básico de la hermandad entre los hombres, y puede también ayudarnos a entender que ese principio es importante moralmente, pero también lo es, y mucho, desde el punto de vista de la supervivencia de la especie en condiciones óptimas.

Las tendencias modernas de la Ecología deben apuntar hacia la coexistencia del hombre y la naturaleza, que conduzca a la conservación de un ambiente en constante transformación, pero manteniendo el **equilibrio ecológico**, que sólo se logra con la armonía de los factores que lo determinan.

Un ambiente en que cada individuo pueda desarrollarse, física y espiritualmente, que sienta la alegría de vivir, aprovechando racionalmente los recursos, mediante una justa distribución de las riquezas y sobre las relaciones armoniosas de las poblaciones humanas entre sí y con los ecosistemas.

Educación Ambiental

La supervivencia de la especie humana está ligada a la del medio ambiente. El hombre forma parte constitutiva e interdependiente de la naturaleza y por otro lado es responsable de utilizar todas las técnicas para el mantenimiento y mejoramiento del ambiente para el uso de las futuras generaciones. A partir de cada actividad cotidiana y a través de la diaria observación del paisaje y de los fenómenos naturales, el hombre puede llegar a la comprensión integral del universo. Deducimos que la educación ambiental, dada su importancia e influencia en las actividades humanas, debe impregnar las diversas discipli-

La educación en valores se inicia en la familia

nas; La Geografía, Historia, Biología, Física, Química, Higiene, y hasta la enseñanza del Lenguaje deben tomar como base fundamental el ambiente para tratar de comprenderlo cabalmente.

La educación ambiental en todos los niveles debe tener carácter multidisciplinario y universal, ya que en ella convergen todos los problemas más sobresalientes de la humanidad: alimentación, vivienda, transporte, producción y servicios. La conciencia ambiental nos hace ciudadanos y ciudadanas caracterizados por ser:

• Conocedores de la naturaleza.

• Entusiastas de la realidad geográfica y sus potencialidades.

• Conscientes de la importancia de la acción del hombre sobre la naturaleza.

• Decididos a conservar y mejorar los paisajes naturales.

• Capaces de anteponer el bien común al beneficio personal.

La educación ambiental tiene por finalidad lograr un ciudadano conocedor y amante de la naturaleza; implica continuar el desarrollo sostenible al mismo tiempo que se protege y conserva los sistemas de soporte vital del planeta.

Para alcanzar este fin general, debemos trazarnos los siguientes objetivos:

•Comprender que el hombre es inseparable de su ambiente.

•Obtener un conocimiento básico para resolver los problemas ambientales.

El futuro del planeta está en nuestras manos.

•Desarrollar la capacidad de análisis, reflexión y acción para la comprensión, prevención y corrección de los daños al ambiente.

Las prioridades de los programas internacionales de educación ambiental son:

• Desarrollar y definir los principios de la educación ambiental como dimensión del conocimiento.

• Integrar la educación ambiental en los programas educativos teniendo en cuenta las necesidades de cada localidad.

• Asistir a gobiernos para implementar políticas y proyectos educativos sobre el ambiente.

• Promover las experiencias de investigación y los procedimientos de evaluación para la educación ambiental.

• Constituir sistemas de intercambio, difusión de la información y canales de comunicación para la educación ambiental.

Tomemos conciencia y comencemos desde nuestros hogares a educarnos ambientalmente; *juntando cada grano de arena formamos montañas.*

Para terminar estas reflexiones en forma menos solemne, también podemos expresar lo mismo, diciendo que **estamos todos en el mismo bote y más vale que rememos juntos.**

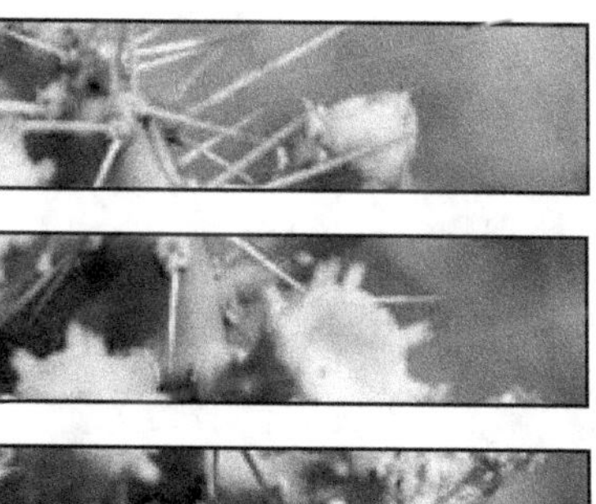

CRÉDITOS FOTOGRÁFICOS

orinoquiaphoto.com

Págs.: 11, 12, 14, 15, 16, 18, 19, 20A, 20B, 21, 23, 24, 25A, 25B, 29, 30B, 31 32, 33, 34B, 35, 36, 38, 40, 41, 42, 43, 44, 46, 47, 49, 51, 52, 53, 54, 55, 56, 59, 62, 63, 64, 65, 66, 67, 68A, 68B, 69, 70, 71, 72, 73, 75, 76, 78, 81, 84, 86, 90, 91, 93, 94, 95.

morguefile.com

Págs.: 26, 34A, 50, 60, 77, 92, 98, 99, 100

serafinmazparrote.com

Págs.: 30A, 82, 88.

GLOSARIO

Agujero de ozono. Zonas de la estratosfera que carecen de ozono por efecto de la contaminación ambiental producida por diversos tipos de gases.

Ambiente. Todo lo que rodea a los seres vivos y los factores que influyen sobre ellos: luz, temperatura, agua, suelo, clima y otros organismos.

Atmósfera. Capa gaseosa de más de 700 Km. de espesor que rodea la Tierra. La atmósfera contiene principalmente: nitrógeno (78%); oxígeno (21%); dióxido de carbono (0,03%); argón, helio, ozono y otros gases en pequeñas proporciones.

Biocenosis. Comunidad formada por animales que se condicionan mutuamente y viven en un área determinada (biotopo).

Biodiversidad. Se refiere a la variedad de especies de animales y plantas del planeta. La biodiversidad comprende también los ecosistemas y grupos genéticos.

Bioma. Comunidad de seres vivos que habitan en regiones naturales de características ambientales bien definidas.

Bosque caducifolio templado. Bioma representado por árboles de hojas caducas (robles, tilos, castaños, olmos). Se encuentran algunas especies de hojas perennes (pino, abeto).

Bosque de coníferas. Es un bioma de las regiones templadas y frías constituido por árboles de hojas siempre verdes como el pino, abeto y pinabeto.

Bosque de galería. Formación boscosa ubicada en las riberas de los ríos. Es frecuente en las sabanas tropicales.

Calentamiento global. Aumento general de la temperatura de la Tierra por efecto de la contaminación atmosférica y gases del efecto invernadero.

Capa de ozono. Zona de la estratosfera con alta concentración de ozono (O3), que tiene la propiedad de filtrar gran cantidad de rayos ultravioletas. También se denomina Ozonosfera y se encuentra entre los 20 y 35 Km. de altura.

Clorofluorocarbonos. Sustancias químicas constituidas por cloro, flúor y carbono que se utilizan como refrigerantes en los frigoríficos, aparatos de aire acondicionado y aerosoles. Estos compuestos al elevarse a la estratosfera destruyen las moléculas de ozono.

Chaparral. Formación vegetal de las zonas templadas, que se caracterizan por la presencia de árboles bajos y arbustos de hojas duras, gruesas y siempre verdes. Se encuentra en áreas donde los inviernos son lluviosos y los veranos muy secos.

Compost. Abono que se obtiene de una mezcla de residuos vegetales y cuya putrefacción se estimula añadiendo agua, restos orgánicos de animales y hongos.

Decibelio. Unidad de potencia sonora que se define como la razón de intensidad de un sonido con respecto a otro.

Deforestación. Tala de árboles y otro tipo de vegetación en forma masiva en un área determinada más o menos extensa.

Desierto. Bioma donde la precipitación es escasa y la vegetación pobre, la cual está constituida principalmente por cardones y espinares.

Diversidad genética. Se refiere a la variedad de genotipos de una especie o población.

Ecosistema. Conjunto de seres vivos que se relacionan entre sí y con el ambiente y ocupan un espacio determinado. El ecosistema comprende la comunidad o biocenosis y el biotopo.

Efecto invernadero. Aumento de la temperatura del planeta por acumulación de gases en la atmósfera, causada por la actividad industrial, los vehículos automotores y la actividad volcánica.

Erosión. Arrastre del material del suelo ocasionado por factores como agua y viento.

Estepa. Término referido a suelos áridos sin árboles. Este vocablo proviene del ruso y se utiliza para describir la vegetación característica de algunas regiones de Asia principalmente.

Estratosfera. Capa de la atmósfera que se encuentra entre los 20 y 80 Km. de altura sobre la superficie terrestre.

Fotón. Unidad de energía radiante que se mueve con la velocidad de la luz en el vacío.

Garimpeiros. Buscadores de oro. Se refiere a los individuos o grupos de individuos que explotan el oro en zonas selváticas a su riesgo y en forma anárquica, sobre zonas no permisadas y generalmente con métodos destructivos del ecosistema natural.

Gas H.F.C.-I34ª. Gas refrigerante inocuo que sustituye a los clorofluorocarbonos, ya que no afecta la capa de ozono. Se denomina también hidrofluorocarbono.

Humus. Uno de los constituyentes del suelo que se origina por la descomposición de la materia vegetal y animal.

Lixiviado. Líquido producido cuando el agua percola a través de la basura.

Lluvia ácida. Fenómeno atmosférico que ocurre como consecuencia de la contaminación producida por dióxido de nitrógeno y anhídrido sulfuroso. Una vez en la atmósfera, estos compuestos se oxidan y en presencia de la humedad atmosférica, se transforman en ácido sulfúrico y nítrico respectivamente, luego caen en la tierra con la lluvia.

Manglar. Ecosistema complejo, característico de algunas costas tropicales y subtropicales donde predomina el mangle.

Microsistema. Ecosistema que ocupa un área o espacio muy reducido. Ejemplos: un charco, un cultivo de laboratorio, un tronco de árbol en putrefacción.

Morichal. Agrupación de palma moriche (Mauritia minor) distribuida en pequeños grupos en las sabanas tropicales.

Neumatóforos. Raíces especializadas que presentan geotropismo negativo producido por plantas vasculares acuáticas como el mangle.

Pradera. Bioma de los climas templados, caracterizado por la abundancia de hierbas, principalmente gramíneas y con precipitaciones lluviosas inferior a la de los bosques.

Rayos ultravioletas. Radiaciones invisibles de onda corta que son retenidas o filtradas por la capa de ozono.

Su acción en este caso no es nociva, pero si eliminara la capa de ozono, su efecto sería letal para la vida sobre el planeta.

Reciclaje. Proceso mediante el cual los materiales de desecho son transformados en nuevos productos para ser reutilizados.

Reforestación. Plantar árboles para reponer los bosques destruidos por tala o quema. También se entiende como la acción de plantar árboles en áreas desprovistas de vegetación.

Ruido. Sonido molesto que tiene efectos perjudiciales sobre el ser humano.

Sabana. Bioma de las regiones tropicales que se caracterizan por vegetación herbácea y agrupaciones de árboles dispersas.

Selva tropical húmeda. Bioma terrestre propio de las regiones tropicales, que se caracteriza por la presencia de árboles corpulentos de gran altura, precipitaciones lluviosas abundantes y altas temperaturas.

Selva nublada. Bosques tropicales

ubicados en zonas montañosas a más de 800 m sobre el nivel del mar, cuya característica más resaltante en que permanece envuelto en neblina durante varias horas del día.

Taiga. Bioma formado por bosques de coníferas de la región subártica, que se extiende por Siberia, Canadá y norte de Europa.

Tundra. Bioma de las regiones árticas y subárticas caracterizado por tierras llanas, temperaturas bajas, suelos casi siempre helados, donde crecen principalmente musgos, líquenes y juncos.

BIBLIOGRAFÍA

Courtin, R. C. Mckay y J. Pollack. 1992. **El efecto invernadero en el sistema solar.** Mundo Científico N° 126 (12), pp. 632-639. Barcelona.

Duvigneaud, P. 1978. **La síntesis ecológica.** Editorial Alhambra. Madrid.

González, L. 1989. **La capa de ozono se destruye. (1).** Carta Ecológica N°. 46. Lagoven. Caracas.

González L. 1989. **La capa de ozono se destruye. (2).** Carta Ecológica N°. 47. Lagoven. Caracas.

Goudrian, J. 1992. **El papel de la vegetación.** Mundo Científico N°. 126 (12), pp. 687-693. Barcelona, 1992.

Grinevald, J. De Carnot a Goïa. 1992. **Historia del efecto invernadero.** Mundo Científico N°. 126 (12), pp. 626-639. Barcelona.

Lagoven. 1989. **El efecto invernadero.** Carta Ecológica. Lagoven. Caracas.

Lambert, G. 1992. **Los gases del efecto invernadero.** Mundo Científico N°. 126 (12), pp. 648-656. Barcelona.

Le Trent, H. Y R. Kandel. 1992. **Qué nos enseñan los modelos del clima?** Mundo Científico N°. 126 (12), pp. 664-674. Barcelona.

Lorente, J. y A. Redeño. 1992. **Calentamiento global y ciclo hidrológico.** Mundo Científico N°. 126 (12), pp. 664-674. Barcelona.

Margalef, R. 1974. **Ecología.** Ediciones Omega. Barcelona.

Margalef, R. 1981. **Ecología.** Editorial Planeta. Barcelona.

Mazparrote, S. y J. Ceniceros. 1985. **Fundamentos de ecología.** Editorial Biosfera. Caracas.

Mazparrote, S. 1991. **Principios de ecología.** Editorial Biosfera. Caracas.

Mazparrote, S. y J. Millán. 1993. **Estudios de la naturaleza** (7° grado). Editorial Biosfera. Caracas.

Mazparrote, S. y L. Padilla de Polanco. 1991. **Diccionario de ecología.** Editorial Biosfera. Caracas.

Minster, J, F. Y L. Merlivat. 1992. **A dónde va el gas carbónico?** Mundo Científico N°. 126 (12), pp. 682-686. Barcelona.

Montes, A.J.J. San José. 1993. **La lluvia ácida.** Carta Ecológica N°. 63. Lagoven. Caracas.

Romero A. 1991. **Auditoría ambiental en Venezuela.** Bioma. Caracas.

Romero A. y A. Mayayo. 1992. **Manual de ciencias ambientales.** 1ª edición. Bioma. Caracas.

Sadournoy, R. 1992. **El hombre ¿modifica el clima?** Mundo Científico N°. 126 (12), pp. 616-623. Barcelona.

Truiller, P. 1992. **La humanidad ante el efecto invernadero.** Mundo Científico N°. 126 (12), pp. 603-606. Barcelona.

TIERRA

TIERRA